新装改訂版
脱会
今こそ知っておくべき統一協会の実像
キリスト新聞社
神保タミ子［著］

カバーデザイン　長尾　優

※聖書の引用はすべて『聖書　新改訳２０１７』による。

推薦文

これは、著者が体験した五〇歳代既婚女性の魂のよみがえりの実話だ。「堕落したあなたは、サタンの考えに染まっている。死後霊界で永遠に地獄の苦しみを受ける運命だ。あなたも家族もそうならないため、あなたはメシア文鮮明師の指示のとおりに考え行動しないといけない」。そんな教えに固まっていた人が自分を取り戻し、平穏な家庭を取り戻すのがどんなにたいへんなことか。

旧統一教会の精神的呪縛のもとに、考えるようになった信者がどう行動するのか。二〇年以上前の著者の体験は、残念ながら今でもまったく同様。家族が信者との話合でしてはならないことの第一は、本人を絶対に責めないこと、おまえは騙されているなどと決めつけないこと、信者の話を冷静にゆっくり聞くこと。その実践がなされたからこそ、彼女は苦しみながら自分を、そして家族を取り戻すことができた。

旧統一教会の信者になったあなたの家族を取り戻し、あなたにとっても家族のきずなを再生するために、これは必読の書だ。

全国霊感商法対策弁護士連絡会　代表世話人
弁護士　山口　広

目次

序章　人はどのようにしてカルトに関わりを持つようになるのか

一九九五年に地下鉄サリン事件が青天の霹靂のように起こって世間を震撼させて以来、あるいはそれよりもおおよそ一〇年ほど前に統一協会の霊感商法が世間を騒がせてから、カルトの問題は多くの人の心に表記の疑問を投げかけるようになりました。

しかし反面その疑問を自分自身が生きていく上での大問題として真剣に考えている人は、かつてカルトに引き込まれた人、またはカルトの犠牲者を身近に抱えている人を除けば、意外に少ないのではないでしょうか。つまり、多くの人にとってカルトの問題は、気になるけれど自分とは関係のないこと、という程度の関心事と言って過言ではないように思われます。

私自身も、例外ではありませんでした。カルトに引き込まれた一人の女性から打ち明け話を聞かされるまでは、後日自分がこの問題に深入りするようになるとはまったく考えていませんでした。

「どのような人がカルトに入るのですか?」

と、私はしばしば問いかけられます。その質問の背後に、あれは特殊な人の世界だ、という固定観念が見え隠れします。これはたいへん危険な思い込みです。私やあなたのようなごく普通の人が、ひょんなことから、今日も誘い込まれているのです。だからカルトの匂いを嗅ぎ分ける敏感な感性を、誰もが日頃から養っておく必要があるのです。

例えば大学の新入生を例に取ると、四月早々に多くの大学ではクラブ活動の勧誘が始まります。その中にはカルト集団が大学公認のクラブであるかのように新入生を誘っている場合が少なくありません。しかも彼らは自分たちの本性を隠して、哲学や世界平和、社会問題などの研究会のように装って勧誘する場合が多いのです。そこで少しでも興味を示そうものなら、先輩が親切の極みを尽くして面倒を見てくれます。彼らは当の新入生にとって高校の先輩であったり、地方出身者には同郷の先輩がつくことも珍しくありません。柔和で親しみやすく、見るからに真面目で優秀そうな先輩に入学早々めぐり合うことができたら、安心してその先輩に何でも相談しようと思うのは当然のことです。しかしこれがカルト集団の罠であったとしたら、新入生であるあなたは、どのようにしてその危険を悟ることができるでしょうか。実際このような経緯をたどって罠にかかった学生は少なくないのです。若者だけではありません。そろそろ晩年に差し掛かろうとする人たちも、覆面で近寄ってくるカルトの本性を見抜くことができずに、抜き差しならない深みにはまった例は枚挙にいとまがありません。

一九九五年に私は一人の女性からカルトの問題を打ち明けられ、その女性が脱会に至るまでの経過を、共に歩むという稀有な体験をしました。その渦中にある間は、特殊な事件に巻き込まれたと思っていました。しかし、一切が解決してから分析的に経過を振り返ってみると、それはある意味でカルトに関する典型的な一事例であることが判明しました。そこで、以下にその事例を紹介して、カルトに対する防衛力を養うための手がかりとして活用していただきたいと願っています。

　これは、五〇代の女性の事例です。人物の特定を避けるために、以後その女性を仮名で佐藤さんと記すことにします。これから明らかにすることは、彼女の内面に深く立ち入ることになるのですが、もちろん当人から同意を得ています。そればかりではなく、同じような犠牲者が出ることを一人でも多く防ぐために、自分の体験をあえて提供したいと当人は願っています。事例がやや古いのは、当人がそのような心境になるのを待ったためです。同時に私自身にとっても、これはあまりにも強烈な体験であったために、適度な距離を置いて眺めることができるようになるためには、長い冷却期間が必要だったのです。

第一章　統一協会信者の心の軌跡

ことの起こり

一九九五年四月の第四土曜日（二二日）に、佐藤さん（仮名）と私は某市の郊外にある丘の上キリスト教会（仮名）で落ち合いました。その日二人は、教会堂の掃除当番に当たっていたからです。丘の上キリスト教会では、毎週土曜日に翌日の礼拝に備えて当番制で掃除をすることになっており、前の晩に佐藤さんから確認の電話があったのです。けれども、その時私は彼女の顔を思い出すことができませんでした。

次の日教会堂で出会った時も、正直のところ、この人だったら思い出さなくても無理もない、と思いました。そのくらい佐藤さんは教会の中で影の薄い存在だったのです。私たちはそのおおよそ一〇年ほど前にそれぞれ別の地域から引っ越してきて、偶然ほぼ同じ時期にその教会に転会した、いわばよそ者でありました。それでも私の方は一〇年の間にすっかり適応して、自分が転会者であることさえ忘れるほどになっていました。一方佐藤さんは、私よりはるかに真面目に奉仕活動に参加していたにも関わらず、ごく少数の人にその存在を知られている程度でした。だからこの日の私は、そういえば、この人は聖公会からの転会者だった、という程度のことを思い出すのが精一杯でした。

その日の掃除当番は、私たちの他に数人はいたはずだったのですが、なぜだか他の人は全員欠席で、佐藤さんと私は二人だけで掃除をする羽目になりました。このようなことはそれまで一度もなかったので、とても不思議な感じでした。思いなしか佐藤さんは悲しそうな表情で、黙々と働いていました。掃除が終わった後で、一休みと思って私は茶を入れました。二人で向き合ってテーブルについても、佐藤さんはさも悲しそうに下を向いて、茶碗の中を覗き込むように茶を飲むばかりでした。ついにたまりかねて、どうしたの、と問いかけました。明日の礼拝を最後に、丘の上キリスト教会を去るのだと佐藤さんは言いました。膝が痛くて坂道を歩くのが辛いのだとのことでした。できればこの教会に留まりたいのかと尋ねると、彼女は小さく頷きました。

神保さん、私をあまりご存じないでしょ。私、会計の奉仕をずっと続けていましたから、礼拝が終わるとすぐに小部屋にこもってお金を数えていましたから、と佐藤さんに言われて、私は当惑しました。私だけではなく、みんなが嫌がる会計の奉仕を長年続けていた人に、一言の礼も言わなかったばかりか、その人の顔も覚えていないとは本当に失礼だと恥ずかしく思いました。

それにしてもあんなに地味な会計の奉仕を、そんなに長く続けることはない。適当に引いたらよかったのに。要領が悪いにも程がある、と私は内心批判がましいことを考えていました。

佐藤さんの言い分によれば、丘の上キリスト教会で友だちを作りたいと思ったら、どこかのグループに所属して奉仕をする必要があると思い、自分が得意としている会計の奉仕を申し出たということでした。ところが実際には会計の奉仕を続けていると友だちがさらにできにくいのです。なぜなら、会計は二人一組になって礼拝後すぐに小部屋に入って礼拝献金の集計をしたり、金銭出納の記録をする必要があるために、礼拝後に仲間と談笑する暇がないのです。当然頃合いを見て他の人と代わってもらいたいと思いましたが、自分がそれを言い出す前に、相手が先に辞めてしまうというのでした。理由はともかく、私は教会員の一人として何も知らずにこの善良な人を搾取してしまったような後ろめたい気持ちになりました。

佐藤さんは足が痛くなかったらこの教会に引き続き通いたいとのことでしたから、それなら私が車で送り迎えをすると申し出ました。それは彼女に対する細やかな償いのつもりでした。そして翌日の日曜日に、家族を先に教会まで送り届けてから佐藤さんの家に迎えに行き、これからもずっとこのようにすると言いました。もちろん前日のうちに家族の承諾を取っていたのです。

すると佐藤さんは突然泣き出し、こんなに親切にされたら嘘をつき続けることができなくなると言いました。足が痛いのは事実だけれど、そのために坂道を歩けないほどではない、とのことでした。丘の上キリスト教会をやめる本当の理由は、佐藤さんが統一協会に入っていることが、教会の役員会の知るところとなって除籍になるのだとのことでした。このことは誰にも言ってはいけないと役員会から厳命されていたのですが、とうとう黙っていられなくなったと言って佐藤さんは大声で泣き出したのです。

荻窪栄光教会の救出カウンセラーに巡り合うまで

佐藤さんから丘の上キリスト教会を去らなければならない陰の事情を明らかにされた時、私は突然脳天を弾丸で撃ち抜かれたような衝撃を感じました。本物の信仰と偽物の信仰の戦いが始まった、という思いが私の脳裏を走りました。続いて、当然本物が勝つと思いました。するともうこの問題から逃げるわけにも、負けるわけにも、いかなくなったのです。このまま佐藤さんの問題から手を引いたら、自分自身の信仰を自分で否定することになる、との思いが、心の奥底からこみ上げてきました。信仰が根底から揺さぶられ、その真偽ほどが試される時だと思いました。このようにして私は、瞬間的に統一協会とキリスト教会との闘いの虜になってしまったのです。

統一協会、マインドコントロール、霊感商法、壷、多宝塔、合同結婚、体操選手、などなど、これらの言葉が一気に私の頭の中で炸裂して、私自身を激しい混乱の渦の中に引きずり込んでいきました。言葉をつないで論理を構築する冷静さを、私は完全に失っていました。あまりにも酷いショックを受けたので、運転中の右足に思わず力が入り、急ブレーキをかけてしまいました。後続のダンプカーが張り裂けるほどの大きな音でクラクションを鳴らしました。ダンプカーの運転席から、馬鹿野郎という罵声が降ってきました。危機一髪というところで追突は避けられましたが、とにかく自分を抑えて口を固く閉ざし、ひたすら運転だけに神経を集中し、やっとの思いで教会にたどり着きました。幸いなことに、教会では礼拝が始まる直前だったので、佐藤さんとは何も話す暇もなく、お互いに別々の席に着きました。

後で考えると、これは非常に幸いなことでした。なぜなら、この時私が少しでも非難がましいことを言っていたら、彼女はそれを逐一統一協会側に報告したでしょうし、その結果佐藤さんは私との関わりを断つようにとの命令を統一協会側から受けたはずです。もちろんそうであれば彼女を統一協会から助け出すことは考えも及ばなかったでしょう。

あとで聞くところによれば、統一協会が佐藤さんに近づく時、正体をくらませて接近してきたので、佐藤さんは、何の不安もなく、というよりむしろ何も知らずに喜んで、相手の誘いに応じてしまったのです。

統一協会ではすべての会員は、きめ細かい上下関係の組織の中に固く組み込まれており、会員は何くれとなくすぐ上の人に報告するよう訓練されています。また下の人から受けた報告はさらに上の責任者に連絡され、相談の結果どのように対処するべきかという指令が下の人に伝達されます。実際この仕組みはかなり厳重に作られているので、一旦統一協会の内部に取り込まれると、個人としての自由意思に基づく行動が不可能になり、これまでの人間関係は次第に断ち切られて、統一協会に服従する以外には生きることさえ難しくなるのです。

礼拝が済むとすぐに、他の人に聞こえないように注意しながら、私は夫に佐藤さんのことをかいつまんで話し、彼女を助けたいので協力してほしい、と頼みました。事情を正確に理解できないうちに動いてはいけないとの忠告が、夫から与えられました。この時点では夫も統一協会に関する専門的な知識があったわけではありませんが、学者の常として、新しい仕事に取り掛かる時には、対象をよく理解してから行動を起こすべきだと考えたのです。

夫と私は、それからというもの夢中になって文献を読み漁りました。それと同時に、丘の上キリスト教会の牧師や役員が、統一協会をどのように認識し、佐藤さんにどのような指導助言をしたのかを尋ねて回りました。統一協会の教理（＝統一原理）が恣意的に歪めた、聖書の解釈に韓国の民間信仰を付け足してできた教えであることについては丘の上キリスト教会役員会の人々も把握していました。そこで彼らはキリスト教の教義を真正面から佐藤さんに説明して誤った聖書理解を修正し、統一協会から離れるようにと真心を込めて説得したのです。けれども後でわかったところによると、この時の佐藤さんはすでに自由意志を剥奪され統一協会の意のままに動く人間へと変えられていたのです。

佐藤さんは丘の上キリスト教会役員会の説得にその場ではおとなしく頷きますが、二、三日もしないうちにコロッと寝返りを打って統一協会の教理に戻ってしまうとのことでした。それもそのはずです、統一協会の訓練よろしきを得て、報告、連絡、相談が徹底しているので、丘の上キリスト教会の説明は統一協会側によって細部に至るまで覆され、佐藤さんは牧師や役員の言葉に対する対処法を指導されたからです。

これらのことがわかるにつれて、夫と私にとって佐藤さんの問題は、ますます他人ごとではなくなってきました。こともあろうにキリスト教会の中からカルトの犠牲者が出た。しかも私たち二人はその人と同じ教会で一〇年間も毎週礼拝をしていながら、その問題にまったく気づいていなかった。このまま佐藤さんを見捨てれば、自分たちのキリスト教信仰を自分で否定するようなものだ、との思いに駆り立てられて行ったのです。

このままではどうにもならないから仙台へ行って浅見定雄教授の指導を仰ごう、と夫が言い出しました。浅見教授については当時東北学院大学神学部教授でスティーブン・ハッサン著『マインドコントロールの恐怖』の翻訳者という程度の知識しか持ち合わせていませんでしたが、その道の専門家の指導を仰がなければどうにもならないと思って、私たちは本気で東北行きを実行に移すつもりでした。仙台まで行くのは時間的にも経済的にも負担が大きいことはもちろんですが、統一協会の実態を知れば知るほどそんなことを構っていられない気持ちになりました。ところが幸いなことに荻窪栄光教会を紹介してくれる人が現れました。そして佐藤さんはその教会の救出カウンセラーである小岩裕一牧師によって、おおよそ一年半後に統一協会の束縛から解放され、脱会することができたのです。

救出カウンセラー小岩牧師の助言

カルトの問題は家族の問題なのです、と小岩牧師は最初に言われました。つまり、私たちが佐藤さんを助けたいと願ったとしても、彼女の夫に無断で実行するようなことをしてはならないから、一刻も早く佐藤氏に伝える必要があるとのことでした。

それにしても、一面識もない人に夫人のことを伝えるためには、曖昧な伝え方をして軽く聞き流されたらそれで終わりですから、実態をよく知らなければなりません。もどかしいようでもここは我慢して、相手の状態をできる限り正確に探るように、との指導を受けました。具体的には私が毎週一度は佐藤さんと会って、彼女自身の統一協会信仰の様子を聞かせてもらうことでした。

統一協会の信者は日常生活の細部に至るまで組織内での報告連絡相談が綿密に行われているので、自分たちがきめ細かく取り扱われ、大切にされていると思うようですが、実は巧妙に支配され、統制されるための個人情報を、自分自身で提供しているのです。これは巧妙に仕組まれた罠です。

　そこで私としては、情報収集をしようとしていることを万一佐藤さんに気づかれたら、当然そのことは時を違わず統一協会側に筒抜けになると覚悟しなければなりません。すると彼らは何らかの理由をつけて、佐藤さんと私との関係を引き裂くことでしょう。そうなったら手の打ちようがなくなります。つまり、統一協会の束縛から佐藤さんを解放することは、ある意味で統一協会側との情報戦争なのです。

　私は毎週一回、二、三時間ほど佐藤さんと会って、信仰の問題を生育歴の中から話してもらうことにしました。けれども、佐藤さんは当然その話を統一協会側に報告するので、仮に彼女が私の意図に気づかなくても、統一協会がそれに気づいて私たちの関係を早晩断ち切るだろうことは容易に想像できます。だから何を聞かされても決して非難をしないこと、統一協会側に不審を与えないように、応答には極力気を使うこと、というのが小岩牧師から与えられた注意でした。しかし、幸いなことに私たちの付き合いは断ち切られませんでした。その理由は、統一協会側が佐藤さんをうまくコントロールして、私を仲間に引き込もうと考えたためらしいというのが、結果から判断した推測でした。

　さて、彼女の話を毎週聞き出すとしても、それまでは友だちでさえなかった二人が、他に何の共通点もなく、ただ信仰のことだけで対話を続けるのは困難です。何か共通点はないかと考えたところ、佐藤さんが琴の趣味を持っていることがわかりました。私は琴を少しは弾けるので、毎週一度合奏しようと誘ってみました。曲を選んで、二人が互いに自分の家で練習しておき、約束の日に会って合奏することにしました。幸い佐藤さんと私の琴の腕前がほとんど同じくらいだったので、合奏はとても楽しいものでした。

けれども、統一協会の内情に詳しい小岩牧師から、統一協会信者が琴を楽しむとは大層珍しいことだと言われました。彼らは奉仕活動に時間のすべてを捧げるように厳しく命令されるので、趣味に費やす時間的余裕などあるはずがない、というのです。ところがどういうわけか、佐藤さんは私と琴を弾くことができました。そしてこれはかなり効果的でした。音楽は何によらず相手の音をよく聞かなければ合奏が成り立ちませんので、二人で合奏しているうちに互いの心が整えられます。そこで毎回合奏が終わると、佐藤さんは堰を切ったように話し始めました。

このようにして私は、佐藤さんのキリスト教入信から統一協会への転向をへて、丘の上キリスト教会の除籍に至る経過を詳しく聞き出すことができました。とはいえ、佐藤さんは、あくまでも統一協会信者の観点から話したので、そこにはかなりの歪みや欠落があったことは当然です。それにしても、その話にはちょうど写真の背景のように、佐藤さんの日常生活や家族の問題などがかなり詳しく映し出されていました。

これらの話を私は帰宅後すぐに記録して厳重に保管しました。

統一協会信者の証言――統一協会との関わりの始まり

統一協会と関わりを持ち始めた時期は、三年少々前のことであった、と佐藤さんは言いました。つまり、一九九一年ごろに統一協会と関わりを持ち始めたと、この時点の佐藤さんは考えていたようです。けれどもこれより六年前から、統一協会による佐藤さんへの働きかけは、徐々に始まっていたことが後で判明しました。

姑が一九九〇年に亡くなった後、一、二年の間に、佐藤さんの家で四件の変化が続きました。

その一は、一九九一年に長女が婚約したことであり、

その二は、公務員であった夫の佐藤氏の定年退職が一九九二年にありました。

またこの年には、長女の結婚と勤務先のリストラによる佐藤さん自身の退職問題が起こっています。

前述の問題で彼女の心が大きく揺れている時に、後になって考えてみると、統一協会が覆面で佐藤さんに近づいてきたのです。けれども彼女がこのことに気づいたのは、それからおよそ二年後のことでした。

その様子を以下に記すと、次のようになります。

佐藤さんの家では、薬の宅配契約（以下、配置薬と言う）をしていたので、定期的に販売員が来て、使った薬の補充をしていました。その薬屋とは長年の付き合いで、いつのま

にか個人的なことも話すような関係になっていました。ある時その薬屋から、
「奥さんはクリスチャンですか。私もクリスチャンなのですよ」
と言われました。かねてからクリスチャンの友だちが欲しいと願っていた佐藤さんは、この販売員に急に親しみを感じました。そのことがあってから、二人は信仰の話をするようになりました。と言っても相手と顔を合わせる機会は、彼女が薬の補充に来る時だけで、二、三カ月に一度くらいでした。二人はいつしか趣味を含む個人的なことも話すようになっていました。ある時佐藤さんは、宝石が好きだと話したようです。けれどもそれはいつのことで、どのように話したかについては覚えていないほど気軽な話でした。

佐藤さんはその後、例の配置薬の販売員から、宝石の展示会の招待券をもらったので、一緒に見に行きましょうと誘われました。ちなみにこの宝石店は統一協会の経営によるものでしたが、この時点ではそのことは伏せられており、聖書を主題にしたとても美しいデザインの宝飾品があるからということでした。気に入ったものがなければ無理に買う必要はないのだからとか、とても美しくて見るだけでも楽しいから、と熱心に誘われて、本当に見るだけという約束で連れ立って出かけました。

宝石の展示会は品数も豊富で、とても美しいものがたくさんありました。展示品を扱っている人たちも感じが良くて、和やかな雰囲気でした。佐藤さんが見るだけと最初から言っても嫌な顔をする人もなく、とても親切に応対してくれました。係の人は宝石を一つ一つ

取り上げては、デザインの元になっている聖書の言葉を暗唱して説明してくれました。そのうちにいくつかのブローチやペンダントを佐藤さんの胸につけてみせました。中でも翡翠のペンダントはとりわけよく似合いました。周囲の人たちも似合うと言って口々に褒めました。現在翡翠は世界的に品薄になっていると聞かされました。この機会を逃すともう手に入らないかもしれないと、佐藤さんは少し心が動きました。でもブローチはとても高価で、安易に買うことができるようなものではありませんでした。佐藤さんがたまに買って楽しんでいた宝石に比べると、おおよそ二〇倍から三〇倍の値段でした。佐藤さんは随分ためらいました。係の人は月賦で良いからと言って、三年分ぐらいの分割にすればそれほど負担ではないでしょうと薦めました。佐藤さんはまだそのころ勤めていたし、退職すればこういうものも買えなくなるので、最後の機会かなと思って買うことにしました。この宝石を買った時点では、定年まであと三年勤められると思っていました。計算してみると二年の分割で充分買えるので、佐藤さんはとうとうその宝石を買いました。うまく乗せられたかな、という気がしないでもありませんでしたが、その後あのような立派な翡翠は入荷しないと聞くと、良い買い物をしたのかなと少々満足でもありました。

　もちろん佐藤さんは、そのような買い物は一回限りと思っていました。けれどもしばらくするとまた展示会の招待がありました。この時はこの前買っていただいたから今度は見ることを楽しんでください、という宝石商からのことづけもありました。そこで佐藤さんは安心して出かけました。けれども、今度は長女にどうかと勧められました。それは縞瑪瑙でした。これも世界的に品薄になっている宝石だそうです。佐藤さん自身にと勧められたら迷うことなく断った、と佐藤さんは言いました。けれども長女にと言われたことで心が動きました。前回は自分のものだけ買ったので、母親としての良心が咎めたのだ、とのことでした。結局それも買うことにしました。それは、長女の結婚式の日にプレゼントしました。長女が涙を流して喜んでくれたので佐藤さんは満足しているとのことでした。

どのような時に誘われやすいか

本人の説明によれば、

①　姑の死亡（一九九〇年）
②　長女の婚約（一九九一年）
③　夫の定年退職（一九九二年）
④　長女の結婚（一九九二年）
⑤　本人の中途退職（一九九二年）

と立て続けに生活の変化が起こった後に、配置薬の販売員と親しくなり、宝石の展示会に誘われたということですが、この配置薬の会社が統一協会の関連企業であり、販売員はクリスチャンではなく、実は統一協会員だったのです。また連れ立って出かけた宝石の展示会も、統一協会の関連企業であり、彼らは互いに示し合わせて佐藤さんを誘い、宝石を買わせたのです。この事例から一般論を抽出すると、人生の転機に狙われやすいということと、伝道者が覆面で近づいていることです。

統一協会では人生の転機のことを、終末、あるいは、転換期、と言い、特定の個人が人生の転期にある時、「あの人は今、終末だね」とか、「転換期だね」などと表現するそうです。つまり統一協会が個人の転機を隠語で言い表すことからも、彼らがこの時期を狙い撃ちしていることがうかがい知れます。

ここで青年期の人々についても確かめておきたいと思います。

一口に青年期といえばその時期を過ぎた側から見ると楽しい思い出がたくさんあって充実していた時期だったと考えられるでしょう。けれども、ある心理学者はこの時期を疾風怒涛の時代と名付けています。それくらいに激しい変化の多い時期で、当事者としては不安に満ちたたいへんな時期なのです。彼らに起こりやすい変化と不安は次の通りです。

青年期の人々の主な変化と不安

一　学生の場合

①　高校時代までの友人と離れる。

②　人によっては親元を離れる。
③　学校でもその他の場所でも、細々と指示を与える人がいなくなる。
④　希望した大学に入学できた人ばかりではない。
⑤　学習の仕方が高校時代とはかなり異なる。
⑥　自分が選んだ学部が自分の能力や適性に合っているかどうか見極めをつけにくい。
⑦　全国から集まった多様な人々の中に置かれる。
⑧　職業や伴侶の選択など生涯の生き方を自分で決める必要がある。

二　新入社員の場合

①　職業的に未熟である。
②　職場の人間関係に不慣れである。
③　社会的経験が不足している。
④　経済的自立も不十分である。
⑤　その他

ちょっと考えただけでもこれだけの不安材料があります。これは当事者にとってはたやすいことではないはずです。そのような時に統一協会であることを伏せて集会に誘われたとします。親切な先輩や場合によっては教授または直属の上司に誘われることもあります。参加した人たちは、何くれとなく面倒を見てもらって親密な人間関係の中に入れられたら、安心するのは当然でありましょう。しかもここでは誘った人が逐一相談に乗って指示を与えてくれるので、何一つ自分で決定する必要がありません。

一般に日本の多くの子どもたちは、生まれてから高校時代くらいまでずっと、大人の言うことを素直に聞いてそれに従順に従う子が良い子であると育てられていますから、この集団が居心地がよいのは、ある意味で当然ではないでしょうか。

勧誘はどのようになされるか

ここでまた佐藤さんの事例に戻って、実際に統一協会員が彼女をどのように誘ったかを調べてみましょう。

第一段階

奥さんはクリスチャンですか。私もクリスチャンなのですよ。

と、配置薬の販売員は声をかけました。

佐藤さんが丘の上キリスト教会で友だちを欲しいと切望していながら、その希望が一〇年間も叶えられずにいたことは、すでに記した通りです。そういう佐藤さんの心の飢え渇きを、この言葉はなんと見事に掴んでいることでしょうか。

佐藤さんの話によれば、以前から来ていた配置薬の販売員がたまたまある日このように言ったとのことですが、この話には省略があります。後日もう少し詳しく尋ねたところによれば、販売員は時々交代します。そしてそれまでは若い男性が来ていましたが、ある日年配の女性に変わって、その人になってから急に会話が成立するようになったそうです。

彼女は、佐藤さん宅の当番になって間もなく、前述の言葉を語りかけました。佐藤さんでなくても、この女性が統一協会員だということがこの時点でどうしてわかるでしょうか。もちろん佐藤さんはこの配置薬の会社が統一協会の関連企業だということもまったく知りませんでした。統一協会の企業形態は複雑多岐にわたっているので外部の人には分かりにくいのですが、統一協会直属の企業では従業員はすべて統一協会員であり、営業活動をしながら一般社会の人と接触し勧誘するのです。つまり彼らは経済活動と伝道活動を、一つの企業の中で同時に行っています。佐藤さんが契約した配置薬の会社を例にとれば、これは統一協会直属の企業であり、従業員たちは伝道する価値ありと幹部が見極めた地域を責任範囲として当てがわれて、その場所を拠点に活動します。ちなみに佐藤さんの家はＪＲ

の駅から徒歩で七、八分のところにある閑静な住宅地で、周囲にはよく整った庭のある瀟洒な家屋が建ち並んでいます。なるほどここなら責任範囲内のどの家で契約が成立しても、経済効率的に十分採算が合うでしょうし、さらに伝道が成立すれば、全財産を視野に入れて多額の献金を搾り取れるだろうと思われる地域です。

ついでながらこの他には信者が独自に企業を経営し、収益を献金する場合もあります。これらの多くは、健康食品、機器、介護、あるいはホームパーティー形式の物品販売などなど、その人間関係を利用して経済と伝道の両活動をこなしています。その他に信者が一般の企業に就職して、社内の人間関係を利用して伝道する場合もあります。いずれの場合でも組織も人事も名称も非常に流動的で、外部の人が実態を把握することは困難です。

話を配置薬の例に戻しますが、もちろん、訪問を受けてもアッサリ断る家庭もありますが、常備薬としておいても良いと考えて契約する家庭もあります。それは一般の訪問販売の場合と特別変わるものではありませんが、強いて違いを探せば、統一協会がらみの企業における販売員たちが、一般の販売員に比べて熱心で、客に断られても簡単には引き下がらないという特徴があります。佐藤さんの場合も契約を取りに来た青年が好感の持てる人で、熱心に勧められたので置くだけなら構わないと考えて契約したと言います。

このようにして訪問先が決まると販売員たちは二、三カ月に一回くらいの頻度で各家庭を訪問し、統一協会用語で言う「報、連、相」（報告、連絡、相談）によって各家庭から得た情報を上に伝えます。佐藤さんの場合も、販売員を通じて情報が収集され、その情報をもとに、責任者が丁度良い時期に年配の女性を差し向けて、友だちとして接近させたのです。佐藤さんが配置薬の契約をしたのはこの時期の六年前のことであり、契約以来六年間は二、三カ月に一回の割合で若い男性の販売員が薬を届けに来るだけで、その他には何の関わり合いもなかったのです。

かつて統一協会でこの配置薬の係をした人の話によれば、顧客と何か言葉を交わしたり、目に付いたことなどがあると、それを伝票のその他の欄にメモ書きにして上司に報告することになっているとのことです。つまり、統一協会側はこのようにして収集した膨大な資料をもとにして、顧客の中から人生の転機に差し掛かっている人を探し出し、絶妙なタイミングにその人に最もふさわしい方法で接近してくるのです。

佐藤さんは長年勤めていたので薬屋の訪問を受けるのは週末でした。それも六年間という長い間のことですから、ちょうど教会から帰った時に販売員が来たことも何度かありました。そこで、奥さんはクリスチャンですか、という女性販売員の言葉も、前任者が偵察した事実に基づく言葉だったと考えられます。

第二段階

相手と顔を合わせる機会は二、三カ月に一度くらいだった。

趣味を含む個人的なことも話すようになった。
宝石が好きだと話した。

未知の人に二、三カ月に一度くらいの割合で逢って、個人的な信仰や趣味のことを話し合うほどに親しくなるのには、普通はどのくらい時間がかかるものでしょうか。後日佐藤さんが統一協会を脱会して損害賠償の民事訴訟を起こした時に裁判所に提出した記録によれば、この女性が販売員として佐藤さんの家に出入りするようになってから、わずか二カ月後に宝石の展示会に誘われています。このことから、先に記した佐藤さんの話には意図的ではなかったにせよ、省略があることがうかがい知れます。つまり、前任の販売員たちと同じように、この女性も二、三カ月に一度の割合で佐藤さんの家に来たと言うけれど、実際にはこの販売員は仕事の時以外に頻繁に訪れていました。ある時は近くまで来たからといって立ち寄り、ある時は庭の方で佐藤さんの声がしたからといって案内も乞わずに庭から入って来たり、またある時は佐藤さんのご主人の顔が見えたからといって縁側から上がり込んで一緒にお茶を飲んでいます。つまり佐藤さんは最初に話した時点で自己暗示にかかっているようです。

宝石の展示会に誘う時にしても、藪から棒に誘ったのではなく、佐藤さん自身が宝石が好きだと語った言葉を元にしています。そこで、もしもこの段階で佐藤さんが和服が好きだと言っていれば、和服の展示会に誘っていたでしょう。

第三段階

宝石の展示会の招待券をもらった。
聖書を主題にした美しいデザインの宝飾品。
気に入ったものがなければ無理に買う必要はない。
見るだけでも楽しい。

ここで女性販売員は、展示会の主催者の側ではなく、佐藤さんと同じ立場の客の一人として佐藤さんを誘っています。買う気がない客にとっては、招待券をもらったからと言われれば主催者に誘われるよりもずっと気楽です。また聖書を主題にしたデザインと言われれば、クリスチャンの佐藤さんが興味をそそられることもまた自然です。その上買う必要はない、見るだけでも楽しいとまで言われては、佐藤さんでなくても行ってみようかなと思うのが自然でしょう。

統一協会における経済活動の一例

この展示会で佐藤さんは翡翠のペンダントを買いましたが、その時の売り込み方をみると次のようです。

当日は、配置薬の女性販売員が佐藤さんを自宅まで車で迎えに来て、二人で会場に行きました。会場に着くとすぐに、受付の人が愛想よく迎えてくれて、ゆっくり見られるようにとハンドバッグを預かると言いました。佐藤さんはそれを親切な行為だと思って勧められるままに持ち物を手渡しました。しかしこれが罠となって、宝石を買わずに帰ることができなくなったのです。

その後意外なことに、配置薬の女性販売員が佐藤さんを待たせてどこかへ消えてしまい、佐藤さんは一人で三、四〇分待たされたとそうです。実はこの時、どのようなものを、どのような手順で売るか、関係者が相談していたのです。女性販売員は車の中での二人の会話から、佐藤さんがこの展示会にどの程度の関心を寄せているかを伝え、その他にもこれまでに聞き出した個人情報を提供したはずです。このことは実際に佐藤さんが統一協会の人間として経済活動に従事しはじめて気づいたことですが、当日は待たされて不安にはなりましたが、そのことにはまったく気づかなかったそうです。

次に会場に入ってからのことを段階的に眺めると以下のようです。

第一段階　会場の様子

展示会は品数も豊富。

和やかな雰囲気。

聖書の言葉を暗唱して説明。

右の記述から、佐藤さんが満足して宝飾品を見て回っている様子が伺われます。そして次の言葉から、いよいよ売り込みの実践に入ります。

第二段階　緩やかに購買意欲をそそる。

ブローチやペンダントを私の胸につけて見せた。

翡翠のペンダントはとりわけよく似合った。

似あうと言って口々に褒めてくれた。

宝石が好きな佐藤さんは、翡翠のペンダントを似合うと口々に褒められて、心を惹かれました。統一協会員は、日頃から人を褒めるように訓練されています。これを統一協会用語で、「賛美のシャワー」と言います。褒められる人が有頂天になるまで口を極めて持ち上げるのです。佐藤さんの場合も例外ではありませんでしたが、その直後に落とされるのです。

第三段階　不安を起こさせる。

翡翠は世界的に品薄。

ブローチはとても高価。

佐藤さんがささやかな楽しみに自分で買っていたものの二〇倍から三〇倍の値段だったと言いますから、ただ事ではありません。このように人を有頂天にさせてその直後に落とすことも彼らの常套手段なのです。

第四段階　安堵感を与え決心させる。

月賦で良いからと言って、三年分ぐらいの分割を勧める。

退職すればこういうものも買えなくなるので、最後の機会かなと思って決心した。

二年の分割で十分買えるので、とうとうその宝石を買った。

ここで宝石を買ったとありますが、統一協会脱会後の話によれば、この段階では買おうかなと思っただけだと言います。言い換えれば、佐藤さんの心がこの段階でプラスの方向に惹かれたのです。そして実際に契約書にサインをするまでのことについては、最初にこのことを私に話してくれた時点では省略されていましたが、実際には次の通りです。

展示品を一通り見終わると奥の小部屋に誘われ、そこでコーヒーが出されました。売り場の係の人と配置薬の女性販売員と佐藤さんの三人で一休みと思う間もなく、佐藤さんは翡翠のペンダントを買うように強く勧められました。配置薬の女性販売員も係の人と一緒になって似合うから是非買うようにと勧めたとのことです。振り切って帰りたくても奥の小部屋に入れられているし、しかも自分は出入り口から一番遠い奥の席につかされていて、出にくかったのです。その上ハンドバッグは預けてあるし、振り切って帰ることもできない状況でサインをしたとのことでした。帰りの車の中で、配置薬の女性販売員は、あなたにとてもよく似合ったのでついうっかり売り場の人と調子を合わせて進めてしまってごめんなさいね、と言って萎れていたそうです。もちろん佐藤さんのこの時の心境は、良い買い物をした後の晴れやかな気持ちとは程遠いものだったといいます。

第五段階　アフターケア

その後あのような立派な翡翠は入荷しないと聞く。

佐藤さんが途方もなく高価な宝石を買わされたのは、一九九一年六月のことです。それから一カ月後に勤務先の会計事務所のリストラのため退職話を持ちかけられて、一年後に職を失うことになりました。もちろん会社は統一協会とは関わりもありませんが、予定より二年早く退職することになったのです。宝石の月賦は退職後もあと一年間払い続けなければなりません。しかも翌一九九二年の四月には長女の結婚も控えていました。何かと出費がかさむ時に、自分のためだけに贅沢なものを買ってしまった、と佐藤さんは心が痛みました。佐藤さんがそうした思いを話すのを聞いて、配置薬の女性販売員は、その後あのような立派な翡翠は入荷しないそうだ、と話したと言います。佐藤さんはやっぱり買ってよかったと密かに満足したそうです。しかしこの時点でもまだ佐藤さんは、宝石店が統一協会の関連企業のものであるとはまったく気づいていませんでしたし、配置薬の女性販売員が宝石展の主催者側の人間であることも知りませんでした。そこでこの打ち明け話が災いして、また宝石展に招かれることになりました。

それは一九九一年六月のことですから、前の宝石展の二カ月後のことです。この時も同じように例の女性販売員から誘われています。しかもこの前買っていただいたのですから今度は見ることを楽しんでください、との主催者からの伝言が付け加えられていたそうです。佐藤さんは、安心して出かけました。そしてまた前回と同じ手口で宝石を勧められました。しかしその時はお嬢さんのためにと勧められています。佐藤さん自身のためにと勧められたら、迷うことなく断りましたが、長女のためにと言われて、ギクリとしたそうです。結局佐藤さんは一カ月前に自分が語った言葉に縛られて、同じ罠に二度までもかかる羽目になったのです。

それにしても、なんと巧みに人の心の綾を利用していることでしょうか。佐藤さん母娘は、この宝石を実際にはその後一度も使っていませんでした。このことからも一種の異常心理に駆られて買うはめになった買い物であることは、伺い知ることができます。

もちろんこれは、不法行為です。佐藤さんは後日統一協会を脱会した後、損害賠償請求の民事訴訟を起こしましたが、一連の被害とともにこの宝石の売買も不法性を統一協会側の認めるところとなって、示談が成立して現品と引き換えに代金が返されています。

誘い込む手口と誘われる側の問題点

①　秘密の始まり

佐藤さんは最初に宝石を買って帰った時、そのことを家族の誰にも話しませんでした。けれどもそれは、必ずしも意図的に隠し立てをしたわけではありません。ご主人に話さなかった理由は、二人が日頃から気軽に会話を楽しむ間柄ではなかったので、自然の成り行きとしてそうなったからです。

佐藤さんのご主人は公務員ですが、勤めから帰って夕食を済ませると、二階の書斎で読書をしたり、テレビを見たりして、就寝までの時間を一人で過ごしていました。これが彼のくつろぎの時間であり、彼はこの時間をそれなりに楽しんでいたようです。一方佐藤さんは、一階の茶の間で長女や長男を相手に談笑するのが好きでした。二人とも好きなように自分の時間を過ごしていたので、それ自体は問題ではないはずです。けれども時折佐藤さんのご主人は、二階から降りてきて楽しんでいる妻や子どもたちに向かって、いつまでくだらないことを話しているんだ、と声をかけることがありました。すると三人は、冷水をかけられたようにそれぞれ寝室に入って行きました。そうは言っても、夫婦の関係がとりわけ不和であったというのでもなく、結婚以来ずっと、具体的な用事のこと以外にはさしたる会話もなく、そのことを取り分け不自然だと思うでもなく、そんなものだという程度に認め合って過ごしてきたそうです。

では、佐藤さんが長女や長男には宝石のことを話しやすかったかと言うと、そうでもなかったのです。日頃はつましくて家族思いの佐藤さんが、心ならずも高価な宝石を買ってしまったのですから、それを話すには勇気が必要でした。つまり佐藤さんの日頃の生活習慣から、なんとなく話しにくかっただけなのです。

それにしてもこのようなわけで、佐藤さんが宝石を買ったことは、結果的には自称クリスチャンである配置薬の女性販売員だけが知っていることになりました。

このようにして佐藤さんと女性販売員は、秘密を共有する関係になってしまったのです。一般に人は秘密を共有すると、当事者同士はそれ以前より結びつきが強くなります。佐藤さんも他の人には話しにくいことを、彼女には気軽に話すようになりました。これはごく自然の成り行きのように見えますが、実はここにも罠が仕掛けられているのです。相手が非常に親身になって何時間も話を聞いてくれるので、佐藤さんは乾いた心に命の水を注がれたように満足して、これまで一度も他人に話したことのない内輪のことまで、すっかり話してしまいました。このことがすべて統一協会側に筒抜けになっているとは、この時の佐藤さんは夢にも思っていなかったのです。けれどもこれは、本人が気づいた時には完全に手遅れで、秘密を口外されることを恐れて、その場に留まる以外に方法がなくなるのです。つまり、統一協会だけではなく、カルトの人々は、人を勧誘する場合、その初期の段階で本人と周囲との人間関係を巧妙な手口で遮断して、勧誘された人がそのカルトにより強く依存するように仕向けるのです。

②　家系図占い

配置薬の女性販売員と親しくなり始めた当時の佐藤さんには、信仰の問題で悩みがありました。それはこの時からおおよそ一年前、つまり一九九〇年六月に亡くなった姑の供養のことでした。佐藤さんの家では夫は唯物無神論者であり、姑は先祖伝来の仏教徒でした。姑の葬儀は仏式で行われましたが、クリスチャンである佐藤さんが心ならずも主催者側に立つ羽目になりました。けれども彼女は仏教への信仰心もなく、形式的に仏壇に手を合わせる自分に抵抗を感じました。優しい人で、姑にも良く仕えたそうですが、姑の生前には無関心であった仏壇の世話も、姑の死後は彼女に回ってきました。これは佐藤さんにとって苦痛でした。そのような時に夢を見ました。

姑が寒い、寒いと言いながら、着物を脱いでしまうのです。おばあちゃん着物を脱げば寒いのは当たり前でしょう。さ、着ましょうね、と言って佐藤さんが着せても、またそれを脱いで、寒がるのです。どうして着物を脱いでしまうのかと尋ねました。すると姑はお前がお線香をあげてくれないから寒いのだと、恐ろしい表情で佐藤さんに迫りました。佐藤さんは夢の中でとても苦しみ、とうとうたまりかねて姑に言いました。

おばあちゃん、私はクリスチャンだから、お線香をあげるわけにはいかないの。分ってくださいね、と。佐藤さんはいく晩か続けて夢の中の姑に悩まされました。では一本だけあげてあげますからそれで許してくださいね、と頼みました。そして翌朝目が覚めるとすぐに夢の中の約束を実行しました。すると次の晩から、同じ夢を見なくなりました。

この夢の話を、佐藤さんは配置薬の女性販売員に話しました。すると彼女は、クリスチャンがお線香をあげるということは、とても重いことなのです。あなたは随分大きな犠牲を払っておばあさんの霊を慰めたのですね。あなたの優しさに、おばあさんの霊がどんなに喜んだかしれません。良いことをしましたね、と言ったそうです。この言葉に佐藤さんは、涙が出るほど大きな慰めを感じ、ますます彼女を信頼するようになっていきました。配置薬の女性販売員は、これには何か先祖の因縁が絡んでいるだろうから、家系図を見てもらうようにと佐藤さんに勧めました。

占いには興味がないと佐藤さんは断りました。けれども相手は、きっと何か得るところがあるから、と執拗に勧めました。それなら遊びとして、ということで佐藤さんは自分の心に折り合いをつけて、見てもらうことにしました。このことから佐藤さんのキリスト教信仰に疑義を挟むことも可能です。けれどもある意味で、これは日本の宗教文化的風土とも関係があるのではないでしょうか。つまり、神仏混淆は歴史の中で古くから行われていましたし、現代でも、日頃は無宗教を表明している人が、何かの不幸にあうと、厄払いのために神社や寺院を訪れたりします。私たちはこのように宗教的に曖昧な面があるので、カルトに付け狙われやすいと言えなくもありません。

配置薬の女性販売員に夢の話をした時点では、彼女が統一協会の人だとは、佐藤さんはまだ知りませんでした。けれども女性販売員の言葉をよく見ると、おばあさんの霊を慰めたとか、先祖の因縁という表現の中に、統一協会の教理が密かに織り込まれています。つまり、ある人が一族の救い主（これを統一協会では氏族メシアと言う）として立てられて、神のみ心に適う行いをする（統一協会の指令のままに行動する）と、本人ばかりではなく、先祖も、子孫も救われるというのです。佐藤さんはその教理にはまったく気づかずに、女性販売員の慰めの言葉に涙を流したことによって、もう一段統一協会に近づいていったのです。

先にも記したように、私は毎週佐藤さんに会って彼女の入信の経緯を聞き続けましたが、もうこのころになると、佐藤さんはクリスチャンの常識の範囲を超えてしまったとしか受け取りようがありませんでした。家系図を見てあげるという誘いに乗ったのも、佐藤さんの思考力が次第に弱まっていったためであろうと考えられます。こうして佐藤さんは、家系図占いだけでなく、さらに深く誘い込まれることになっていきました。

③　家系図占いからビデオセンターへ

抵抗を感じながらも佐藤さんは、結局霊能師を訪ねることになりました。いいえ、正確には霊能師役の人に会ったと言うべきです。統一協会では、同じような手口で誘い込まれた被害者の中から、適性がありそうな人物を選んで、にわか仕込みの霊能師を作り上げるのです。この偽霊能師を訪れる前に、配置薬の女性販売員の指図で、佐藤さんとご主人のそれぞれについて、先祖の家系図を作って持参しました。霊能師は、佐藤さんの実家については、士族の出であるから殺傷の因縁があると言い、佐藤さんのご主人の側については、癌で亡くなった人が何人かいるので、財の因縁があると言いました。癌がなぜ財の因縁と繋がるかといえば、やまいだれに品の山と書くからだというのです。

それから、佐藤さんは父方の祖母との結びつきが強い、と説明されました。祖母は仏教に帰依しており、朝夕仏前に手を合わせることを欠かさない人物でありましたが、佐藤さんが現在キリスト教徒として毎週礼拝に通っていることは、祖母の命を受け継いでいるのだということです。あなたは氏族メシアとして一族を救う人です。あなたが神のみ心に従って善行を積まなければ、先祖は永遠に霊界で苦しみ続けます、と霊能師は力説しました。けれどもさすがの佐藤さんも、これには乗せられませんでした。霊能師は佐藤さんの人柄を言葉の限りを尽くして褒め、有頂天にさせようとしました。それでも佐藤さんが態度を変えないと分かると、今度は急に冷たく突き放して、あなたはクリスチャンだから私の説明を無視しようとしていますが、キリストの十字架は失敗だったのですよ、と意地悪そうにあざ笑ったとのことです。

この場面をよく見ると、人を有頂天にさせて次の瞬間に引き落とす統一協会の常套手段が使われていることが分かります。もちろん佐藤さんは、この時点でそのような手口まで見抜くことはできませんでしたが、感情的に揺さぶりをかけられて不愉快になったので、席を立って外に出ました。すると配置薬の女性販売員が追いかけてきて、不愉快な思いをさせてごめんなさいねと、取りなしたそうです。

気分直しに一休みして帰りましょうよ、という女性販売員の誘いに応じて、二人連れ立って雑居ビルの一角にある喫茶店に入りました。正確に言えばここは喫茶店のような所と言うべきですが、こざっぱりした部屋の中には観葉植物が豊かに配置されており、感じの良いムード音楽が低く流されていたと言います。相客の姿がまったく見えないほどまでに豊かに配置された観葉植物の緑に囲まれて、気心の通じ合う二人だけになって紅茶を飲んだ時、佐藤さんの心は寛ぎを感じました。頃合いを見て配置薬の女性販売員は、ここには良いビデオが沢山あるから見て行かないかと言い、ビデオのリストを見せたそうです。

その中には『塩狩峠』や『ベン・ハー』など、日頃から見たいと思っていたものがあったので、別室に移ってその中の一つを見ることにしました。見終えると女性販売員から今だったらいくらぐらい払えますか、と聞かれました。佐藤さんは手持ちの財布の中から五千円を支払いました。すると今度は、このビデオは会員制で、いつでも来たい時に来て見ることができるのだ、と説明されました。感じの良い場所でくつろいだ後でもあり、ビデオのリストには見たいものが並んでいたし、佐藤さんは会員になることにしました。これがあの悪名高い統一協会のビデオセンターであることを、この時の佐藤さんはまったく気づかなかったのです。

ここで、家系図占いの場面をもう一度振り返ってみましょう。あなたは氏族メシアとして一族を救う人です、という霊能師のおだてに佐藤さんは乗りませんでした。けれども、もしもこの言葉を信じれば、当然次の段階としてビデオセンターに誘われることになります。また信じなければ、脅しをかけられたり、とりなされたり、上げたり下げたり情緒を揺さぶられて、結局所定のコースをたどらされるのです。つまり、統一協会側のシナリオは、相手がどう動こうとも、結局はビデオセンターに導かれるようになっていたようです。

ビデオセンターへの入会

このビデオセンターの入会金が二万円だと聞かされたのは、佐藤さんが入会を承諾した後のことでした。そのうちの五千円は、前回それが入会金の一部だとは知らずに支払っていたということで、残りの一万五千円を配置薬の女性販売員が立て替えてくれました。そこでこの金額は、次回に持参することにしました。

佐藤さんは入会の申込用紙に住所氏名を書き、一緒に渡されたアンケート用紙にその他の個人情報を書き込みました。この時佐藤さんは、自分の家の預金の額まで、他の質問と一緒に答えています。しかもその質問は、金銭問題とはまったく関係のない項目の間に紛れ込むように記されていたので、自分がそんなことまで答えていたとは、その後長い間気づきませんでした。

佐藤さんがそのことに気づいたのは、統一協会を脱退した後に統一協会を相手取って損害賠償請求の民事訴訟を起こした後のことでした。それは証拠がための調査をしていた時に、弁護士が他の経路で収集したアンケート用紙を見て初めて判明したのでした。

このようにして佐藤さんの行く手には、ビデオセンターに通う路線が敷かれてしまったばかりではなく、この時のアンケートの資料が元になって、後日統一協会側が強要した多額の献金の額が決められている模様なのです。

このビデオセンターの入会金は、本当は七万円だったのですが、佐藤さんはビデオセンターに実際に通って何巻かのビデオを見てしまってからそのことを知らされ、不足分として五万円をさらに支払わされています。

佐藤さんはビデオセンターに通うようになってからもしばらくの間は自分が統一協会に関係していることをまったく知らされていませんでした。そしてもしこの段階で知らされていれば通い続けることは決してなかったと私に語ってくれました。

「本当に統一協会だと知らなかったの？　知っていれば本当に通わなかったの？」

と私は念を押して尋ねました。

佐藤さんはその通りだと答えました。それなら今からでも脱会を、と私は勧めました。すると佐藤さんは思いがけないことを言われたかのようにしばらく私の顔を眺めていましたが、そのうち気まずそうに、

「でも、もういいんです」

と答えました。妙なことを言う人だと私は思いました。けれどもこれ以上は勧めませんでした。二人の会話が佐藤さんを通して統一協会側に伝えられていることを考えて、自制したのです。

実際佐藤さんはビデオセンターに通うようになっても、当初はなかなか気が進まなかったそうです。ではなぜやめなかったのかと、私は訪ねました。勧めてくれた配置薬の女性販売員に世話になっていたので断りづらかった、と佐藤さんは答えました。

「お世話になった？　本当にそう思ったの？」

と私は重ねて尋ねました。心ゆくまで自分の話を聞いてもらったことが、実は落とし穴になっていたとは全然知らなかったので、佐藤さんは世話になっていると感じたようです。

このビデオセンターはいつでも自由に見られるのではなく、所定の日に行くことになっていましたが、その前日には必ず配置薬の女性販売員から確認の電話が入るので、断ることができなかったとも言いました。その他にも、入会に同意して入会金を支払ったことや、アンケートに答えたことなど、律儀な佐藤さんは自分自身の行動にも縛られていたようです。

一般に律儀な人は、自分で決めたことはやり抜くことによって、自分自身の一貫性を保とうとする傾向があります。統一協会側はそのような傾向を考慮に入れて、初日に入会を決意させ、アンケートをとるのです。そしてさらに統一協会側は、ビデオセンターに通い始めたことを口外しないようにと、ぬかりなく注意を与えています。

このような指示まで与えられれば、自主性を重んじる人や警戒心の強い人は不審に思ってその場から遠ざかるでしょう。けれども前述のような類型の人間は、統一協会にとっては扱いにくい人間なので、彼らが離れることは統一協会側にとっては望むところなのです。つまり、口止めをすることによって、統一協会は自分たちにとって扱いにくい人間を選別して切り捨てているのです。

だからこの段階で、もしも佐藤さんが誰かに話していれば、佐藤さんは誰かから助言を受けることもあったでしょうし、また、そうでなくても、聞き手の反応から、佐藤さん自身が違和感を感じて、そこから遠ざかることもできたかもしれません。けれども律儀な佐藤さんは、統一協会の忠告を守ったことによって、まんまと罠にはめられたのです。

またこのビデオセンターは、会員が見たいものを自由に見られるところではなく、統一協会の教理や特別な用語を教育するところなのです。そこには統一協会が信者の中から選んで勝手に仕立て上げたカウンセラーがいて、ビデオを見終えると、必ずその人から感想を尋ねられます。そのようにして主催者側は、新入会員の理解や参加意欲を確認するのです。ところが佐藤さんは反対にそのカウンセラーに、何度か質問をしたそうです。

「なんだかおかしいです。これは何かの宗教ではないのですか。この団体は壷や印鑑を売るところと関係があるのですか」

と、尋ねたこともあるそうです。するとカウンセラーは、

「いいえ関係ありませんよ。おかしいですね、誰に聞いたのですか」

と、呑気な調子で答えたそうです。また、このビデオの目的は何かと、尋ねることもあったそうです。けれどもカウンセラーはその質問には直接答えないで、そのことについては次のビデオを見ればはっきりしますよ、とその都度佐藤さんの参加意欲を次回に繋げたそうです。それなら最後まで見て自分で判断しようと佐藤さんはいつしか思うようになりま

した。

ちなみにビデオセンターでの学習内容の一例を記すと、以下のようです。ビデオセンターに通い始めた約一カ月後の九月二八日、佐藤さんはここでも霊能師の先生なる人物に紹介されました。その人は霊を見抜く特別な力を持っているとのことでした。その霊能師は凄みのある美しい眼差しで佐藤さんの目をじっと見つめながら、霊界の先祖が地獄で救いを求めている。先祖を救うことがあなたの使命ですと語りました。

その話の内容は、殺傷の因縁、色情の因縁、財の因縁など、日本人ならおそらく誰でもどこかで聞いたことのある因縁話なのでした。実家の祖父が直腸癌で亡くなったのは武士であった先祖の殺傷の因縁だ。佐藤さんのご主人の父がパーキンソン病で長患いをしたのも先祖の因縁だ。また姑が心臓病で亡くなったのも、佐藤さんの義弟が過労死したのも、すべて先祖の因縁だと畳み掛けられて、佐藤さんは背筋が凍る思いだったと言いました。

その時霊能師が説得の材料に用いたものは、後でよく考えてみると、佐藤さん自身が配置薬の女性販売員やカウンセラーに、時折々に語ったものですから、外れたところがまったくなく、細部までリアリティがあって怖かったそうです。そして極めつけは、長男が佐藤さんの義弟の因縁を背負って、同じ過労死の運命にあると言われたことと、長女が結婚しても夫が早死にすると言われたことでした。この時は、佐藤さんの義弟が過労死して間がない時でありましたし、長女は結婚を間近に控えていたので、霊能師の話に佐藤さんはただならぬショックを受けました。

一〇月に入ってからこのような霊能師の話が三回繰り返されて、あなたは実家や夫の家のメシア（救い主）になる決意をしなければなりません。あなたが決意して実行しなければ、あなたの長女があなたの七倍の重荷を抱えて苦しむことになります、と脅しをかけられたそうです。さらに何をしなければならないかについては、また後でお話ししましょう、ということで、話は次回に持ち越されましたが、次に何を言われるかをおそれて、佐藤さんは命じられるままに毎朝風呂場で水行（肩に水をかける修行のこと）をするまでに追い込まれた心理状態になっていました。

一〇月二一日、この時になって初めて姿を現した副会長から、佐藤さんが八月末から通っていたところが実は統一協会であることを明かされました。しまった騙された、と咄嗟に思ったそうですが、言葉を挟む間もなく、「世界基督教統一神霊協会」と言う正式名称を聞かされました。そしてさらに、再臨のキリストがすでにこの地上にいることや、実は韓国人の文鮮明であることも、この時に初めて聞かされました。とんでもない、イエス様あなたが韓国人だなんてそんなことがあるはずがない、と佐藤さんは思いました。イエス様がのお名前は文鮮明などではありませんよね、と何度も心の中で叫んだそうです。では何故この時も離れなかったのかと私はまたしても尋ねました。霊能師の脅しが本当に怖かったから、と佐藤さんはうめくように答えてくれました。私が苦しむというのであれば振り切ることもできたと思うけれど、息子や娘がと言われたことが怖くて怖くて、と佐藤さんは言いました。

そしてその翌日である一〇月二二日、またしても佐藤さんの前に姿を現した霊能師から、次のように言われました。あなたの実家のご先祖も地獄で苦しんでいます。その因縁をあなたが解放してあげないといけません。相当の決意が必要です。娘さんは今恋愛中ですが、このまま結婚しても幸せになれませんし、息子さんもあなたたち夫婦の仲が悪いことと、先祖の因縁の犠牲になる運命にあります。再臨の主のために、夫や家族を捨てて献身できますか。本来なら献身しなければなりません。できますか。とこのように執拗に迫られました。とてもそんなことはできないと断る佐藤さんに向かって、では並みの苦労ではありませんが献身しないでも救われる方法があります、とここまで言うと、霊能師は一応話を打ち切りました。霊能師の話のあとで佐藤さんはいつものようにビデオを見せられました。それはイサク献祭についてのビデオでした。

アブラハムが神の命令に従ってひとり息子のイサクを生贄（いけにえ）として神に捧げたという、旧約聖書の中でもひときわ精彩を放つ出来事に関するビデオでした。佐藤さんに対する統一協会側の脅しは、この聖書の箇所を用いて行われたのですが、ここでも統一協会は、聖書本来の内容を恣意的に歪めて教えているので、ごく簡単にそのことに触れる必要があります。

つまり、統一協会の教えには神の赦しや恩寵がなく、失敗はすべてそれを犯した人間自身が行為によって償うべきだとされ、罪を重ねれば重ねるほど、それを償うための条件が重くなるというのです。

足枷

佐藤さんはビデオセンターのコースが終了する間際になってこの場所が統一協会の伝道の拠点であることや教祖、文鮮明のことを明かされました。そしてその直後から佐藤さん自身の行動は急に大胆になってゆきました。例えば再臨のキリストはすでにこの地上におられ、それが文鮮明であると、丘の上キリスト教会の人々に伝えようとして、逆に統一協会側から口止めされたことがあります。また、長女を統一協会に誘ったり、夫に伝道するきっかけを作るために居間のテーブルの上に意図的に統一協会の機関誌を置いて、チャンスを狙ったりしたこともあります。もちろん、統一協会信仰がここまで進むのに必要な期間は人によって異なりますが、佐藤さんの場合はビデオセンターに通い始めてからわずか三カ月間でこのような状態になりました。

なぜ佐藤さんはこんなに早く統一協会にのめり込んでしまったのかといえば、それは一つには佐藤さんが素直だったからということになるでしょうけれど、もっと大きな理由として佐藤さんがビデオの中身についてカウンセラーに的を射た質問をすることがしばしばあったという事実があげられるようです。つまり佐藤さんの質問を統一協会側が重く見て、佐藤さんが矛盾に気づいて離れていかないうちに足枷をはめたからだとも考えられます。

実は佐藤さんはこのビデオセンターのコースの最終日に、もう絶対に後戻りできないほどの強烈な経験をしていますが、そのことに関しては、私が佐藤さんの話を聞き始めた時点では、佐藤さんの口からまったく語られませんでした。それは私が毎週佐藤さん宅を訪問して話す者と聞く者との心の一致を図るために琴の合奏をした程度では、決して話してもらえないほどの恐ろしい経験だったのです。

この話を聞かせてもらえたのは佐藤さんが統一協会の欺瞞をしっかり理解して脱会した後、損害賠償請求の民事訴訟を起こしてからのことでした。聞いたところによればビデオのコースの最終日に佐藤さんはビデオセンターから別の建物に連れて行かれ、霊能師や統一協会の幹部たちに取り巻かれて五時間にもわたって脅迫され、多額の献金を要求されたのです。彼らは佐藤さんがクリスチャンであったために、旧約聖書の記述を悪用して脅したのです。その様子は次の通りです。

あなたはアブラハムが一人息子イサクを生贄として神に捧げたことを知っていますか、と霊能師が言いました。佐藤さんは知っていると答えました。アブラハムは信仰のゆえにイサクを捧げました。あなたも息子さんを生贄として捧げられますか、と霊能師は続けました。無理です。息子の命は息子自身のものです。あまりにも思いがけない要求に身の毛のよだつ思いで佐藤さんは答えました。

旧約聖書の記述によれば、この時アブラハムは本気で神の命令に従って一人息子を捧げようとしたからこそ、神に対する完全な信仰をみとめられて、神から愛され、多くの子孫を与えられたのです。しかし佐藤さんは息子を捧げることはできないと言って霊能師の申し出を拒絶しているのです。つまり、佐藤さんの場合はここで神との関係が切れて、これ以上交渉も妥協もその余地がないはずです。

それなのに統一協会は、では息子の代わりに金をという具合に話の本筋をすり替えています。これはもう信仰の問題ではなく、正真正銘の恐喝です。佐藤さんはその不当な手口に気づかなかったために、いや仮に気づいたとしても、たった一人で特殊な場所に連れ込まれて、何人かの幹部に取り巻かれた状態では、身の毛がよだつ思いでどうにもならなかったために、統一協会の思うツボにはまったのでしょう。そしてさらに深みに連れ込まれて行ったのです。

氏族メシアであるあなたが神のみ心に背けば、息子さんの命がないばかりか、一族全員はもとより霊界にいる先祖たちも苦しむことになるのです、と。この言葉は、もちろん聖書本来の教えとは関係のない脅しでありますが、何よりも統一協会の本性を現しています。しかしこのように言われた佐藤さんは統一協会の欺瞞にはまったく気づかずに絶句しました。

しばらく沈黙が続いた後、霊能師はまた同じ質問を繰り返しました。何度も何度も同じことを言われるうちに次第に意識が朦朧としてきましたが、浅い意識の底で、佐藤さんはできることなら自分の命を奪ってもらいたいと思ったそうです。息子は絶対に助けなければならない。お願いです、助けてください、と佐藤さんは懇願しました。

するると、では全財産を捧げなさいと言われました。これもとんでもない要求です。そんなことをしたら一家が生きて行かれなくなります。それでは殺されるのと同じです。無理です。従えません。お願いだから助けてください、と佐藤さんは断り続けました。

これまでは何でも人の言いなりになっていた佐藤さんが、五時間も断り続けたというのです。そして最後にこれ以上一言でも断れば本当に長男の命がないという恐怖を感じたそうです。すると霊能師が、ではお祈りをして神のみ心を伺ってきます、と言って部屋から出て行き、しばらく待たせた後に、神の慈悲で一二〇〇万円で良いそうです、と言ったそうです。この時には心の底から助かった、と思ったそうです。そして佐藤さんは指示に従う旨を表明してしまいました。すると周囲にいた幹部たちが口々に生き返った、生き返ったと言って抱き合って喜びました。佐藤さん自身も本当に生き返ったような気がしたと言います。しばらく経ってから佐藤さんはフラフラになって誰かに両脇を支えられながら外に出ました。

眠れない一夜が明けると次の日には、配置薬の女性販売員が車で自宅まで迎えに来ました。献金の金を用意するために一緒に銀行へ行くことを前日の帰りがけに朦朧とした意識の下で約束させられていたのです。「間」があくと「魔」が入るから、と語呂合わせのような理屈を言って、統一協会側が早速支払うようにと急き立てたのです。

二人は車に乗ってまず某銀行の駅前支店に出向きました。夫名義の定期預金を解約する時、佐藤さんの手が震えました。少し待つと名前を呼ばれました。佐藤さんは立ち上がりましたが、足が動きませんでした。配置薬の女性販売員に体を押されるような形で、二人してカウンターにたどり着きました。万円札が幾束もトレイの上に積み上げられていました。佐藤さんはそれに手を出すことができませんでした。配置薬の女性販売員が目の前でその札束を鷲掴みにして、用意してきた手提げ袋に入れました。しかしそれだけでは約束の金額に満ちませんでした。

二人はまた車に乗り、隣町の信用金庫に行きました。長男の独立資金として長年かけて積み立てた預金を解約しました。この時も配置薬の女性販売員が、札束を鷲掴みに受け取りましたが、今度は袋には入れずに手に持ったまま、フロアの座席に戻りました。彼女は椅子に腰掛けると、手提げ袋の中の札束も取り出し、帯を切って一枚一枚数えはじめました。長い時間かかりました。佐藤さんはそれをじっと見つめていました。利子を含めて合計一二五〇万円ありました。この五〇万円はとっておきなさい、と言って女性販売員が差し出しました。悪魔と取引をしているような恐怖が佐藤さんの全身を貫きました。それから二人はまた車に乗り昨日と同じ場所にたどり着きました。

どの道をどのように通ってその場所に行ったのか、佐藤さんはまったく記憶がないと言います。正面の祭壇に約束の献金が捧げられ何やら祈祷のようなものが唱えられましたが、佐藤さんにとってすべてがベールに包まれているようでまるで実感が湧きませんでした。

その夜も佐藤さんは恐怖心に悩まされました。しかしこの時は捧げてしまった献金のことよりも、手元に残った五〇万円が恐ろしかったそうです。その恐怖心はビデオを通じてすでに佐藤さんの心に植え付けられていた統一協会の教理に基づくものでした。彼らの教えによればアダムとエバがエデンの園で蛇の誘惑に負けて罪を犯して以来、神によって創造された万物は破滅の一途をたどっているのです。そこで被造物を元通りの理想的な状態に戻すためには、すべてを神の元に返さなければならないのです。これを統一協会用語で万物復帰というのです。統一協会側が躍起になって献金を集めるのも、理論的にはこの教理に基づく営みなのです。佐藤さんの場合は、全財産を捧げる代わりにその献金を値切って一二〇〇万円で手を打ってもらったことになります。建前上はそれが佐藤さんにできるすべてであるはずでした。ところがあと五〇万円が手元に残っています。これは明らかに神に対する裏切り行為だと、どういうわけか佐藤さんの頭にこのような考えが浮かびました。こともあろうに配置薬の女性販売員もそのことを知っているのです。このまま罰せられないで済むはずがないと、佐藤さんは考えました。自分の罪のために、せっかく捧げた一二〇〇万円までが無意味なものになってしまうばかりか、その裏切り行為が元で、さらに大きな罰を与えられることになるかもしれない、と考えると、怖くてこわくていたたまれなかった、と佐藤さんは言いました。

とうとう佐藤さんは夜があけるのを待ち構えて、身繕いもそこそこに、化粧もせずに、髪を振り乱して統一協会に行き、件の五〇万円を追加の献金として差し出したといいます。佐藤さんにとって、この経験は誰にも話すことのできないほど恐ろしいものでしたが、それればかりではなく、自分の記憶そのものを根こそぎ抹殺してしまいたいほど重く苦しいものでした。

ところが統一協会の教えに従えば、このようなことで悩む必要はないと言うのです。なぜなら佐藤さんのご主人や長男は何も知らないうちに多額の献金をして、神のために善行を積んだことになるのですから、佐藤さんは夫や長男の救いのために良いことをしてあげたことになるというのです。

けれども佐藤さんには一方で常識的なものの考え方がまだ残っているので、この辺りの経緯を私に話すことができなかったのです。そこで当然の成り行きとして、これから後の佐藤さんの話は私の理解の及ばないものになっていきました。

幻覚

ビデオセンターでのコースが修了してしばらくしてから、佐藤さんは自宅から徒歩でおよそ一五分くらいのところにある統一協会の茜協会（仮名）に転会させられました。そのころから佐藤さんは、幻覚を見るようになっています。

夜になると庭のカイズカイブキの枝ぶりが、黒く大きな悪魔の姿に見えて恐ろしかったと言います。佐藤さんは恐怖心を払拭するために、風呂場で水を浴びながら祈りました。また茜協会で礼拝している最中に、佐藤さんの心の中で、イエス・キリストと文鮮明のイメージが重なるようになりました。また文鮮明の話を聞かされている時に、白い手が佐藤さんの肩に優しく置かれました。すると佐藤さんはとても安らかな気分になり、落ち着き、不安はいつしか消えていきました。佐藤さんはその手をキリストの手だと思ったそうです。

佐藤さんはこのようになってからも日曜日には丘の上キリスト教会に通い続けていました。これは統一協会員としては例外的なことです。普通はこの段階までくるとキリスト教会との関係は断ち切られて統一協会一本に絞られるのですが、佐藤さんの場合は、両方に通うことが許されていました。いや許されているというよりは、おそらく統一協会側は佐藤さんを手がかりとして、さらに他の人たちも誘い込もうとして機会を狙っていた模様です。いずれにしても佐藤さんにとっては、これはずいぶん苦しいことであったに違いありません。

今になって思い返してみると、佐藤さんは笑っている時でも顔の半分が泣いているようで、どこを見ているのか分からないように白目を剥き出しているような、不思議な表情をしていました。そして自分がそこにいることを申し訳ないとでも思っているかのように、おずおずと人の機嫌を探るようなところがありましたが、反面どこか開き直ったように、奇妙な発想で聖書の解釈を語ることもありました。そして結局、佐藤さんは自分自身の行動が原因になって、自身の統一協会信仰が丘の上キリスト教会役員会に知られるところとなり、除籍されることになったのです。

第二章　統一協会信者と家族との心の葛藤

家族に真相を伝えるために

佐藤さんがどのようにして統一協会の罠にかかり、抜き差しならない深みに入り込んでしまったかについては、一応聞き終わりました。

第一段階として佐藤さんの信仰の実態を理解することができたので、私たちは次の段階として佐藤さんのご主人に佐藤さんの統一協会信仰の実態を伝え、それ以後は主体性を明け渡して、側面からの協力者となるつもりでした。といってもこれは、どのように伝えるかによって今後の命運が分かれるほど重大な問題です。配慮を欠いて関係者を絶望の淵に陥れるような伝え方をすることのないように、あるいは、問題を正視することを避けて解決を先送りし、事態を悪化させることのないように、処置が正しければ必ず問題は解決するのだという希望を与えることができるように、伝え方には細心の注意が必要です。

統一協会問題を扱った書物の多くは、身近に統一協会に入会した人がいる場合、一刻も早くそのことを家族に知らせるように、と勧めています。これは確かに有効な勧めですが、どのように伝えるべきかについて触れている書物が意外に少ないのです。この問題については伝える側と伝えられる側の問題点や留意点を今後さらに研究する必要があると考えられます。正直に記すと、私自身佐藤さんのご主人にその問題を伝えた時点では、この問題についての自覚が不十分であったことを認めないわけにはいきません。参考文献が手薄であったとしてもせめて癌の告知に関する書物など何冊か改めて読み直して、知らせを受ける側の精神的苦痛を考慮しておくべきだったと、遅ればせながら反省しています。

佐藤さんの話は聞けば聞くほど恐ろしさが分かってきて、どうしても佐藤さんのご主人に一刻も早くそのことを伝えなければならないという思いに駆り立てられましたが、これは生易しいことではありませんでした。なぜなら私はつい三カ月前まで佐藤さんとでさえ言葉を交わしたこともなかったのです。佐藤さんのご主人とはなおのこと付き合いがありませんでした。そこでいきなり佐藤さんの統一協会信仰を持ち掛ければ、どのような誤解を受けるかわかりません。ここはまず冷静になって、相手に正しく理解してもらうために信頼関係を築くことから始めなければなりませんでした。

幸い私は佐藤さんとの約束で毎週琴の合奏をするために佐藤家を訪れていましたので、自然の成り行きとして佐藤さんのご主人とも、いつしか面識を得て挨拶を交わすようになり、たまには茶の間に招かれて一緒にお茶をいただく機会にも恵まれました。このようにして私が佐藤家にしばしばお邪魔するようになったのは一九九五年の六月からです。そのころすでに佐藤さんのご主人は定年退職から三年を経過しておられ、地区センター主催の教養講座への出席や、山歩きなど、時間的にもゆったりとした生活を楽しんでおられました。このまま平穏な生活が続いたらどんなに幸せなことであろうかと考えました。

けれども実際には癌細胞が病人に何の自覚症状も与えずに体の中で増殖するように、統一協会の魔の手が、佐藤さん一家の平和を蝕み始めているのです。そのことを的確に佐藤さんのご主人に伝えることは私一人では荷が重過ぎましたから、夫にも加勢してもらうことにしました。

私たちは佐藤さん夫妻を自宅に招いて食事を共にすることを手始めに、四人で八ヶ岳や箱根にドライブをして野外の空気に触れ、自然の中で会話を楽しんだり、ごく普通に親しみを感じる間柄になっていきました。さてその次は佐藤さんがいないところで、佐藤さんの統一協会信仰の実態を伝えなければなりません。それも軽く理解されては困るのです。万一佐藤さんのご主人に家内の信仰のことは家内の自由ですから……、などと軽く受け止められたら、私たちはそれで手を引かなければならないのです。絶対にそのようなことにならないためには、統一協会がどんなに恐ろしいところであるか、佐藤さんが心ならずも罠にかかって、どんなに危険な目に遭わされているか、これまでに知ったすべてのことを一度で確実に伝えて、何が何でも佐藤さんを救いたいという気持ちになってもらわなければならないのです。

まず佐藤さんがいないところで佐藤さんのご主人だけに会うことが難しくて、私たちは途方に暮れました。佐藤さんの隙を見て手短に話せるような内容ではないのです。場合によってはまるまる一日時間を費やして、じっくりと話す必要があります。私たちは小岩牧師と連絡を取りながら、この方策を考えても妙案が浮かばないまま何日も日が過ぎていきました。

そうこうしているうちに、たまたま佐藤さんのご主人が高校時代に自由詩のコンクールに入選して、ある雑誌にその詩が発表されたことがあると話してくれました。ずいぶん長い間その詩を大切に保存しておいたけれど、かれこれ四五年も前のことだから、いつの間にかなくしてしまったと言うことでした。するとこの話に夫が飛びつきました。勤務先である明治学院の図書館は資料の保存がとても良いので、その詩を探し出すことができるかもしれない、というのです。詩のタイトルも、作者も、おおよその発表年も、雑誌名も、分かっているのだから、見つけることができないことではないと夫は言いました。それに対して佐藤さんのご主人は、たかが高校生の一片の詩ですから……と、照れ臭そうに言っていました。

次の日夫は早速明治学院付属高校の図書館を訪れて、その詩を見つけ出してほしいと依頼しました。何しろおおよそ四五年も前の作品で、しかも無名作家ならぬ一高校生の作品なので、それを探すことは容易なことではなかったようです。何週間かしてその詩は結局大学の総合図書館の資料室の奥深いところに保存されていたことがわかりました。朗報を伝えてくれたのは大学図書館の課長でした。ありました、ありましたと、電話の先で声が弾んでいることから、図書館のスタッフがかなり熱心に探してくれたことが分かったそうです。それにしてもこの詩をどうして先生がご入り用なのですかと尋ねられて、夫は目的の秘密性に改めて気づき、どうしても必要なんですよ、と答えにならない答え方をしてその場を切り抜けたそうです。早速その詩をコピーして佐藤さんのご主人に届け、非常に喜ばれたことはもちろんです。その夜、佐藤さんの家ではその詩をめぐって珍しく家族で話に花が咲いたと、後で聞かされました。

一方夫はその詩を手がかりに、佐藤さんのご主人を大学へ招待することを考えていたのです。

あの詩を見つけることができて図書館のスタッフが喜んでおり、是非作者に会いたいと言っているから、大学へ来て顔を見せてやってください、というのが夫が考えた口実です。佐藤さんのご主人は恥ずかしがって誘いに乗る気配を見せませんでしたが、むしろ佐藤さんが積極的にすすめてくれました。図書館へ行って、あの詩を見つけてくれた人たちに直接お礼を言うべきだ、と言ってくれたのです。

統一協会信仰を知らされた家族は

　一九九五年一一月二九日、いよいよこの日に佐藤さんのことを伝えることになりました。佐藤さんから統一協会との関わりを初めて聞かされて気が動転してから、すでに六カ月経過していました。私たちの会談の場所は明治学院大学の夫の研究室です。その日は特に小岩牧師に協力をお願いして、統一協会の実情を話していただくことにしました。そして私が佐藤さんの実態を詳しく話すようにと、小岩牧師から勧められました。私たち三人は失敗を避けるために慎重に計画を練りました。

　まず夫が前もって図書館に行き、例の詩の作者を連れてくるからあの詩を見つけた時の喜びを直接本人に伝えてほしいと頼んでおくことにしました。これは快諾されました。何しろ実際に探し当ててみれば、その詩は四六年も前の作品で、しかも薄い詩集のわずか一ページの作品だったので、それを探し当てることができたのは並々ならぬプロの技なのです。明治学院大学図書館のスタッフは本が大好きで、人間関係も良く、日頃から文献を探して教授や学生たちの勉学に協力することを生きがいにしている人たちでありますから、課長が代表して佐藤さんに仕事の喜びを伝えてくれることは、最も自然な発想です。

　と言っても、このことはこれから重大なことを伝えるためのいわばお膳立てですから、何一つ粗相のないように、私たちの相談は慎重を極めました。ここで失敗してしまえば、佐藤さんを統一協会から救い出すためのこれまでの努力が水の泡になるばかりではなく、佐藤さんのその後の生活はこれまでよりももっと悲惨なものになることは目に見えています。

佐藤さんのご主人と私の夫は、午後一時に大学の教員ラウンジで出会い、そこから図書館に直行することにしました。一方小岩牧師と私は一時一〇分過ぎに大学の正門前で落ち合って、教員ラウンジに向かいました。私たちは二組に分かれてそれぞれのグループが時間をずらして行動したのですが、それは計画を実行する前に大学の構内で佐藤さんのご主人にばったり出会って、事前に計画を台無しにするような失敗を避けることを狙ったためです。

小岩牧師と私は教員ラウンジで夫からの電話連絡を待ちました。一方佐藤さんのご主人と私の夫は図書館に行って予定通りに図書課長に会うことができました。あなたがあの詩の作者なのですか。あの詩を見つけることができて私たちも嬉しいです、と課長は愛想よく言葉をかけてくれたそうです。後で聞くところによると、佐藤さんのご主人は、たかが一高校生の詩一つのことでどうしてこんなにご大層に、とほんの少しばかりは思ったものの、まんざら悪い気はしなかったそうです。会見はものの五分くらいで済んで、夫は研究室でお茶をと彼を誘いました。このようにして研究室に到着してから、紹介したい人があるからということで私たちが電話で呼ばれて駆けつけたのです。

小岩牧師と私が夫の研究室にたどり着いた時、佐藤さんのご主人は晴れ晴れとした表情で何やら楽しそうに話していました。これから展開する重い会談のスタートとして、これは絶好の状態でした。佐藤さんのご主人は、私の顔を見ると一瞬おや、という表情を見せましたが、そんなことにはお構いなしに、夫は小岩牧師を紹介しました。

ご専門は何ですか、と佐藤さんのご主人は小岩牧師に訪ねました。唯物無神論者である彼は、まさか大学で牧師を紹介されるとは思わなかったので、夫の言葉を聞き違えたかと思ったそうです。では小岩先生どうぞ、という夫の一声で、部屋の空気がピンと張り詰めたように私には感じられました。そうですね、単刀直入に言いますと奥さんが統一協会に入っておられるのですよ、と小岩牧師は言いました。え、知らない、と佐藤さんのご主人がひきつったような声を出しました。まったく気づいていなかったので飛び上がるほどの驚きだった、と後で聞かされました。小岩牧師は具体的な資料を示してこの団体がカルトであることや、佐藤さんがすでに活発な活動メンバーになっていることなどを手際よく説明し、次に私に向かって、佐藤さんと統一協会との関わりについて、経過を追って話すようにと言われました。

一番初めは心明堂（仮名）という月極の薬屋だった、と私は話し始めました。佐藤さんごめんなさいと叫びたいような気持ちを抑えて、できる限り冷静に話したつもりです。え、あれですか、富山の薬屋ですよ、と佐藤さんのご主人は言いました。それがいわば統一協会の斥候だったとはもちろん思いもよらないことで、彼は頭を抱えて唸っていました。佐藤さんが法外な値段で人参茶を買わされたことを話した時、佐藤さんのご主人の顔に薄笑いが浮かびました。人参茶、飲んだことありませんよ、と彼は言いました。からかうな、と言いたそうな声の響きでした。それは丘の上キリスト教会の牧師夫人が癌にかかった時に、お見舞い用に佐藤さんが八万円で買ったものだと私は話しました。ここで失敗してはならないと、一生懸命話し続けました。二個の宝石を買ったことも、家系図占いも、ビデオセンター行きも、意を決して一気に話しました。あの馬鹿が、と佐藤さんのご主人は吐き捨てるように言いました。否定する手がかりを掴むことさえできない事実を次々に畳み掛けられて、返す言葉がなかったようです。

私はその後の話でわかったことだと言って、一九九三年に佐藤さんが済州島で行われた統一協会の修練会に出席した事実も付け加えました。ちなみにこの修練会は、統一協会が参加者をマインドコントロールするために行うものです。いくらなんでも一緒に暮らしていてそこまで気がつかないはずはないじゃありませんか。嘘ですよ、それは、と佐藤さんのご主人がいいました。声の調子に怒りが込められていました。私は背筋が引き締まるような緊張感に襲われました。本当なんです。妙子（仮名）さんの知人が経営しておられる伊豆のペンションへ遊びにいくという口実で行かれたのです、と私は言いました。佐藤家の長女も長男も知っていると付け加えました。疑われたらたいへんなので、佐藤さんの姉（妙子さん）のことは、佐藤さん自身が日頃から使っていた固有名詞で語りました。これには思いがけない効果があったらしく、佐藤さんのご主人はそれ以上疑おうとはしませんでした。

統一協会の人が外部の人にこれだけ詳しく自分の体験を語ることは非常に珍しいことである、と小岩牧師が言いました。しかもその内容は、佐藤さんのような壮年婦人が誘い込まれる場合の典型的な順序に従っているので、私の話にはかなりの信憑性がある、と付け加えてくれました。おそらく佐藤さんと私が同じキリスト教会に所属していたので、佐藤さんが私を信頼して話したのだろうとのことでした。また二人とも宗教上の話ができるという共通の基盤があったことも幸いしたであろうし、私が佐藤さんの話を否定も非難もしないで聞き続けたことも、佐藤さんに話し続ける気持ちを起こさせたのだろうとのことでした。いずれにしても、本人の口からこれだけ詳しく聞けたということは珍しいことであるばかりではなく、今後佐藤さんを統一協会の束縛から解放するために、非常に有効な手がかりになるとのことでした。

確かに統一協会の信仰を否定も非難もしないで聞き続けることは、そう簡単なことではありませんけれども、この点については小岩牧師からも、夫からも、肝に銘じてその姿勢を貫くようにと、私は言い聞かされていましたし、参考文献のほとんどすべてが、その点を強調しています。しかし後になって分かったことですが、家族を統一協会から救い出すことを願って荻窪栄光教会へ相談に来る人々は、ほとんど例外なく、すでに当人を激しく責めて互いに傷つき、人間関係がひどく損なわれているそうです。ところがこれでは統一協会の狙いにはめられたことになるのです。統一協会は巧妙な罠を仕掛けて人を誘い込むのですが、一旦誘い込んだ後は、当人を従来の人間関係から切り離して、統一協会に全面的に依存するように仕向けるのです。

考えてみれば、統一協会の罠にかかったということは、人間の心の奥底に罠をかけられたようなものです。仮に二人でのんきに山道を歩いているとして、動物を捕獲するために仕掛けてあった罠に隣人の足が捕らえられたとしたら、その隣人に向かって迂闊だ、分別だ、防備だと言って誰が責める気になるでしょうか。理由はどうであろうと、とにかく当人を助け出す手だてを考えなければどうにもならないのです。

いいですか、落ち着いてください、と小岩牧師は言いました。急にこれだけのことを聞かされたのだから怒りや混乱や失望があっても当然でしょうけれども、どうか冷静になってください。ご家族が冷静にならなければ解決しません。そして統一協会のことを正しく理解することです。奥さんに合った解決の方法を一緒に考えましょう。奥さんは大丈夫、救えますよ。確かにそれは癌のように危険なものです。心に根を持った癌だと考えていいでしょう。でもまだ一刻を争うほど危険な状態になっているわけではありません。だから奥さんのことはしばらくそのままにしておいて、その間にご主人が早く勉強をすることです、と小岩牧師が言われました。続いて小岩牧師は今後注意するべきことを説明しました。それは以下の通りです。

A　してはならないこと

①　本人を絶対に責めないこと
②　誰から聞いたのかを今は伝えないこと
③　荻窪栄光教会のことを今は伝えないこと

B　するべきこと

①　統一協会の歴史、教理と、信者の心理状態を知ること
②　脱会した元信者の体験談を聞くこと
③　統一協会に関する本を読むこと

一つ、奥さんを絶対に責めないこと。統一協会員は会員同士で非常に緊密な連絡を取りあっているから、奥さんを責めればすぐにそれは統一協会側に伝わって奥さんへの締め付けが強くなり、統一協会の束縛から本人を解放させることがますます難しくなる、という理由も小岩牧師は慎重に付け加えました。またその他に奥さんを責めれば本人を精神的に追い詰めてしまうから、忌憚なく話し合うことが難しくなることも付け加えました。

二つ、神保に聞いたと絶対に言わないこと。明治学院は統一協会に対して反対の表明をはっきりしているので、統一協会側はたいへん神経質になっている。そこで神保経由で奥さんのことを知ったとわかれば、統一協会は佐藤さんに向かって私との絶交を命じるはずですから、これも佐藤さんのご主人にとっては不利だとのことでした。

三つ目は、荻窪栄光教会との関係を明かさないこと。この理由について小岩牧師は何も

言われませんでしたが、当時小岩牧師は統一協会問題でしばしば雑誌にコメントを発表していたので、荻窪栄光教会との関係は伏せておいた方が良いと考えたのでしょう。次にするべきことについては救出カウンセリングの担当者である小岩牧師が協力するから、荻窪栄光教会で行われている勉強会にできる限り出席するように、しかも奥さんに気づかれないように注意して、と勧めました。なお勉強会への出席の利点は知識の習得だけでなく、カルトから脱会した人や脱会のために努力した家族の話が聞けることと、信者を抱えている家族の苦しみを分かってくれる人がいること、解決のための多くの事例があり参考になること、などなどであると付け加えました。

いいですか、落ち着いてくださいよ、このまま自宅に帰って奥さんを問い詰めないでないでください。そうしても何にもなりませんから、とにかくしばらくは冷静になって統一協会のことを正しく理解してください。何か分からないことや辛いことがあったら、私に電話してくださっても結構です。ご相談に乗りますから、と小岩牧師は念には念を入れるように言われました。

気が付くといつのまにか誰がスイッチを入れたのか、研究室には電灯が灯っていました。私は部屋の中の動きに目を向ける余裕もないほど緊張していたことに、この時になって初めて気づきました。外はもうすっかり暗くなって、窓ガラスが鏡のように私たちの様子を映していました。私はそっと立ち上がって紅茶を入れました。この時のために昨晩のうちに焼いておいたケーキを添えて銘々の前に差し出しました。部屋の中は静まり返っていて、もう誰も口を利く気にさえならないほど疲れきっていました。

一休みすると、小岩牧師は次の用事があるからと言って、慌ただしく出ていきました。夫もあとの会議のために、時間を気にしながら立ち去りました。私は佐藤さんのご主人と連れ立って部屋を出ました。

そうすると家の中で僕だけが知らなかったわけですね。家内は今僕にいつ告げようかと思って、虎視眈々として機会を狙っているわけですか、と佐藤さんのご主人が言いました。そのように考えると、佐藤さんとご主人との戦いになってしまいますが、本当の敵は佐藤さんの背後で佐藤さんを操っている統一協会なのだということを、是非分かっていただきたいです、と私は頼みました。けれども、後になって考えてみると、カルト問題の悩みを抱えている家族にとって、この発想の切り替えがどれほど難しい問題であるかを、この時の私は、自分自身でも十分理解できていませんでした。

体の病気であれば本人を責めてもどうにもならないので、とにかく病根を取り除くことだと誰でも当然考えます。しかし、カルト問題ではこの辺りの基本的な考え方についてさえ、世間の常識として定着するまでに、まだまだ長い時間が必要なのではないでしょうか。

やっと正門までたどり着いた時、一人になって歩きたいから、と言って佐藤さんのご主人は五反田の方へ去って行きました。私は呆然として、しばらく彼を見送りました。あの時の佐藤さんのご主人の寂しそうな後ろ姿を、私は今でもハッキリと思い出すことができます。

佐藤さんのご主人が家族の間で孤立していたことについては、佐藤さんから聞かされていました。その一例は次のようです。佐藤さん夫妻の間に初めて赤ちゃんが生まれた時、姑は赤ちゃんの顔を見るなり、なあんだまた女の子か、と言ったそうです。女の外孫がすでに二人あって男の赤ちゃんを望んでいたからなのですが、その言葉に佐藤さんはひどく傷ついたそうです。ところが佐藤さんのご主人は母親に同調して、長女を可愛がらなかったそうです。そこで佐藤さんは躍起になって長女をかばったそうです。

それから何年かして、男の子が生まれました。すると今度は、佐藤家の跡取り息子ができたと言って、姑は赤ちゃんを佐藤さんから取り上げて、自分の部屋で育てたそうです。佐藤さんが赤ちゃんを抱くことができるのは、授乳の時だけでした。母乳が豊富に出たので一日に何回かは確実に赤ちゃんを抱くことができましたが、授乳が済むと赤ちゃんは満足してすぐに眠ってしまったそうです。すると傍らで待ち構えていた姑が佐藤さんの手から赤ちゃんを取り上げて、自分の部屋に連れて行ってしまったそうです。この時も佐藤さんのご主人は、自分の母親のすることに異を唱えなかったとのことでした。

そして長男が五歳の時のある日、長男は意を決したように、僕とお姉ちゃんとどっちが好きか、と言って佐藤さんに迫ったそうです。両方好きですよ、と佐藤さんが答えると、両方じゃわからない、どっちかはっきり言って、と迫ったのだそうです。その表情があまりにも真剣だったので佐藤さんは胸を突かれました。この子はこんなに母親の愛に飢えている。これはたいへんなことだ、と思ったそうです。長女のことを気にかけながらも覚悟を決めて、坊やが好きだと佐藤さんは答えました。すると長男は、佐藤さんの胸に飛び込んできて大泣きしたのですが、その時以来断固として母親の味方になったそうです。これに類することがいろいろあったから、夫が孤立しているのは当然だし、自分が統一協会で慰めを得たことを、二人の子どもは喜んでいるのだ、と佐藤さんは私に話してくれました。

けれどもこの話は、全面的にその通りだと受け止めるのには少々無理があるようです。確かにこの話は、細部までこの通りであれば、佐藤さんの家庭は異常です。けれども、私には佐藤さんがほとんど無意識にではあるにせよ、このように話すことによって、自分自身の統一協会信仰を正当化しているようにも聞こえますし、上述の記憶そのものが統一協会によって歪められ異常さが増幅されているのではないかとも思われます。私がそのように考える根拠は、他にもそれに類する事例をたくさん別の元信者から聞かされているからです。例えばある元信者の脱会後の証言によれば、次の通りです。

その人は女子学生の時に、帰宅途中に駅前で手相を見るようにと誘われました。そのころ彼女は留学したいと願っていたので遊び半分に留学の可能性を占ってもらったそうです。すると彼女の家庭に近い将来たいへんな騒動が起こると言われて、なんとかしなければと思ってしまったそうです。そこでビデオセンターを手始めに、統一協会の所定のコースをたどって、紆余曲折の末、統一協会の指示に従い、親の反対を押し切って、あの悪名高い合同結婚によって韓国人と結婚する寸前まで行ってしまったそうです。そんな無謀なことをして幸せなのかと親から聞かれた時、十分幸せだと統一協会の教理に基づいて答えましたが、実際には不安に苛まれながら止むに止まれぬ気持ちで決断したとのにことでした。

幸いその女性は、韓国へ渡る寸前に、親の手で統一協会から助け出されましたが、脱会後に当時のことを振り返ってみると、いつのまにか留学問題が家族問題にすり替えられていたことと、幼いころの思い出を聞かれて親から冷たく扱われていたことが先祖の因縁によるもので彼女が氏族メシア（一族の救世主）になって解決するべき問題だと説得されたことを思い出しています。

さて、佐藤さんの事例に戻ると、嫁姑の問題も、夫の無理解も、確かにあったことは想像できますが、それは程度の差こそあれ、ひと昔前なら、どこの家庭にもあったのではないでしょうか。封建時代の遺物である家という概念をよりどころとしている姑、仕事人間で家庭内の問題を「女子ども」の戯れ言としか考えていない夫、卑屈な忍従を美徳であると勘違いしている妻、やや強引ではありますがこのように類型化すると、上記のような人間関係は、日本の歴史の中で長い時間をかけて作り上げられたものですから、考えようによっては統一協会が言うように先祖の因縁であると決めつけてしまえばそれまでです。

佐藤さんは配置薬の女性販売員と親しくなって身の上話を長時間かけて聞いてもらって満足している間に、統一協会が佐藤さんの身の丈にあった因縁話を作り上げる材料を自分自身で提供したことになるのではないでしょうか。そうであれば日本中の普通の人が、誰でも被害者になる危険性をはらんでいることになります。私たちは自己管理について、個人の問題としても教育の問題としても、真剣に考える必要があるのではないでしょうか。

夫の不安の始まり

一九九五年一二月一一日の正午を少し過ぎたころ、突然佐藤さんのご主人から電話がありました。これから訪問したいから道順を教えてほしい、と言われました。こちらの都合を聞くことなどまったく念頭にないほどの慌てぶりでした。我が家にはこれまでに何度か来たことがあるのに、よほど大きなショックを受けたためか、一人では来られなくなっている様子でした。佐藤さんが二階へ上がった隙を見て電話をしているとのことでしたから、すぐに迎えにいくから大通りに出て待っていてくださいとだけ言って、私は車を走らせました。

車に乗り込むとすぐに、佐藤さんのご主人は話し始めました。佐藤さんが統一協会のことを白状したというのです。佐藤さんのご主人はまるで得体の知れない動物に出会ったかのように怯えていました。よく聞くと、佐藤さんが白状したのではなく、彼が詰問して無理に泥を吐かせたという格好でした。しかも三日がかりで責め立てて、ようやくそのような結果になったとのことでした。

幸い佐藤さんのご主人は、小岩牧師が伝えた三つの注意事項、つまり責めないことと、情報源を明かさないこと、荻窪栄光教会との関係を伝えないことのうちのあとの二つは守ったのです。

それにしてもすでに知っていることを詰問までしてわざわざ本人に言わせることに、どんな利点があるのですか、と私は憤慨して尋ねました。他人でさえ知っていることを、こともあろうに自分の妻に秘密にされていたことが許せなかったというのです。

一一月二九日に明治学院大学で事実を伝えられて、九日間は何とか自分を抑えて穏やかに過ごすことができましたが、一〇日目にとうとう悔しさがこみ上げてきて抑えきれなくなってしまったとのことでした。

後になって考えてみると、この時の私は、佐藤さんのご主人に対する思いやりが欠けていました。寝耳に水のような形で大問題を聞かされた佐藤さんのご主人にとっては、家の中で誰一人相談相手もいない状態で耐え抜いた九日間の心の葛藤は、並々ならぬものだったに違いありません。佐藤さんが子どもたちと夕食後に談笑することは長い間の習慣で、自分だけがその輪に加わらないことを以前は何とも思っていなかったのに、秘密を知ってしまってからは、自分をバカにしてのけ者にしている、という悔しさがこみ上げてくるのでした。電話がかかってくれれば配置薬の女性販売員からだと思ってつい聞き耳を立てる。外出すると言われれば当然行く先は統一協会だと決めつけて尾行したいという思いさえ湧いてくる。

自分の妻をそのようにしか考えられなくなっている自分が情けなくもありましたが、そのような自分に冷静になるようにと忠告した人物が、こともあろうに自分より若年のキリスト教の牧師であることも腹が立つ。第一神保が何食わぬ顔で毎週通ってきて、琴を弾いていたことも、あれが自分の妻への偵察だったとは人をバカにしている。自分の妻のことだ、他人に干渉されてたまるか、という気持ちになる。自分の妻のことだ、自分で説得できないはずがない、との思いが佐藤さんのご主人の中で、次第に大きく育っていって止めるところを知らないまでになったのです。そしてとうとう詰問してしまったのです。

この思いは事情により形は変わるにせよ、カルトから家族を助け出したいと思っている人々のほとんどが経験するものであり、ほとんどの人が第一番に犯す失敗です。しかし正直なところ、私自身は佐藤さんのご主人がこの時味わった屈辱感や苦悩に、ほとんど思いが至っていませんでしたので、事前には何の配慮もできなかったのです。もっと積極的な支えが必要であることに私が気づいていれば、結果は変わっていたかもしれません。

考えてみると僕らはずっと良い関係ではなかったです。あいつが口を固くつぶって梃子でも動かないという表情をした時、これはどうにもならないという感じでした、と彼は言いました。これまでは日常生活の中で佐藤さんは本当に献身的な夫人でしたから、彼としては特にはっきりと考えもせずに、夫人は自分の自由になるものと思い込んでいましたが、そうはいかないことを思い知らされたとのことでした。

実際このころの佐藤さんは、統一協会によって植え付けられたもう一人のカルトの人格を一つの体の中に抱えていたのです。平素の生活の中では、穏やかな主婦である本来の佐藤さんが表面に出ていますが、ひとたび統一協会信仰を反対されると、まるでスイッチで操作されているかのようにカルトの人格が躍り出てくるのです。こうなると顔面まで別人のように硬直して、能面の般若のように無表情になります。これは佐藤さんに限ったことではないのですが、その顔の恐ろしさを佐藤さんのご主人はこの時初めて見たのです。

我が家に着くと私は佐藤さんのご主人に向かって、小岩牧師に電話をして今回の出来事を伝えるようにと薦めました。彼があまりの狼狽ぶりだったので、誰かに話して心の中の不安や恐れを吐き出してしまわない限り、二次災害のようなことも起こりかねないと思ったのです。けれども、佐藤さんのご主人はすっかり怯えていて、プッシュボタンを押すことさえできませんでした。私が電話をつないであげると言っても、頭の中が真っ白で何を伝えるべきか分からない始末でした。これではどうすることもできないので、茶菓だけ出して、私はごゆっくりと言って部屋を出ました。時がショックを鎮めてくれるのを待つ以外に手はないと判断したのです。四時間ほどして佐藤さんのご主人は、帰宅したいと言いましたが、その時になって初めて、財布もコートも忘れて家を飛び出してきたことに気づきました。一二月の日暮れは早く、外には木枯らしが吹いていました。彼を送り届けるために私は仕方なく、また車を走らせました。

信者本人のリアクション

一二月一四日、佐藤さんのご主人が突然来訪してから三日目のことです。今度は佐藤さんからの電話で、話したいことがあるから家へ来てほしい、と言われました。私は佐藤さんの統一協会信仰を密告したことが分かってしまったのかと心配でした。最悪の場合これで佐藤さんをカルトの束縛から解放する望みがなくなるかもしれない、と思いました。けれども幸いなことに、佐藤さんは私をまったく疑っていませんでした。佐藤さんの話によると、ご主人に三日がかりで問い詰められて、とうとう統一協会のことを白状した、とのことでした。それにしてもどうして今になって急に彼が詰問を始めたのか不思議だ、と佐藤さんは言っていました。

ねえ神保さん、もしかすると共産党のスパイが統一協会の内部に入り込んでいて、主人に密告したのかしら、と言って、佐藤さんは私の顔を見つめました。私は探りを入れられているようで辛くて答えることができませんでした。

佐藤さんはこの年の六月の初めに丘の上キリスト教会への出席をやめてから、日曜日にも統一協会に出席するようになっていました。それを佐藤さんのご主人に、自宅から徒歩で一五分くらいのところにあるキリスト教会に転会したと告げて、何事もなく毎週統一協会の集会に通っていたそうです。ところがそれから六カ月も経った一二月九日になって、彼が突然佐藤さんを責め始めて、統一協会に通っているのだろうと問いただしたとのことです。自宅から一五分のところをくまなく探したが統一協会しかなかったというのが彼の言い分だったとのことです。

そのころの佐藤さんはすっかり統一協会の人間になっていて、すべての人が文鮮明の言う血統転換をして、神側の人間になることを、本気で待ち望んでいたのです。そしてご主人との関係についても、既成祝福をうけて、理想の家庭を築きたい、と私にも聞かせてくれました。

血統転換というのは罪に汚れたこの世のメシア（救い主）として降臨した文鮮明が合わせてくれた相手と結婚することによって、血を清められ、その家族が神の一族に変えられることを言うのですが、既婚の信者への救済策として、既成祝福という手段が講じられています。これは既婚の男女が夫婦で合同結婚式に参加して、文鮮明の祝福を受けることによって、血統転換したとみなされることを言うのです。

ご主人は唯物無神論者ですから、既成祝福は無理ではないかしら、と私が言うと、慎重に伝道するから大丈夫、と自信ありそうに佐藤さんは答えていました。事実ご主人を統一協会側に誘い込む手段をすでに指導されている様子で、茶の間のテーブルには、統一協会の関連の出版社が発行している伝道用の雑誌が置かれていました。それを佐藤さんのご主人は何も知らずに結構興味を持って読んでいたのです。実際その雑誌は非常に周到に編集されていて、よほど事情に詳しい人でない限り、統一協会との関係を見破ることができないようにできていました。このような事情もあって、私は一刻も早く佐藤さんのことをご主人に伝えたいと焦っていたのです。

そうした矢先に、佐藤さんは統一協会信仰についてご主人に詰問されたのですから、かなり動揺したことは確かです。ご主人の詰問に佐藤さんは無言で二日間耐え続けました。そして三日目の夜に、彼がお風呂に入っている間に、アベル（統一協会用語で信者のすぐ上の相談係のこと）に電話をして、事情をかいつまんで話し、協会長に連絡を取ってもらったとのことです。

次の日、朝寝坊のご主人がまだ眠っている間に、最寄りの駅まで来てくれた協会長に会い、佐藤さんはその場で対策を指導されたのです。その時の協会長の指示の内容は次の通りです。ご主人に本当のことを話してなるべく逆らわないようにすること。金銭的なことを問われたら、自分の自由意志で買い物をしたのだから、訴訟を起こしても彼が負けると答えること。しばらくは協会への出席も控えて、連絡だけは取ること、というのです。次の朝目覚めるとまもなく、前日からの詰問の続きを始めたご主人に向かって、佐藤さんは協会長の指示通りに白状しました。

一二月一一日の佐藤さんのご主人の話と、一四日の佐藤さん自身の話を突き合わせてみると、九日から一一日までの三日間の佐藤家の出来事を通して、佐藤さん夫妻の考え方の違いが手に取るようにはっきりと見えてきます。まず初めにご主人が佐藤さんを詰問した時、佐藤さんが二日間も答えなかった理由について考えてみましょう。この時点では佐藤さんはご主人との既成祝福という理想を掲げて密かに伝道を開始していたくらいですから、彼の質問に対する対応の仕方を、まだ統一協会から指導されていなかったはずです。突然詰問されて佐藤さんはさぞ驚いたことでしょう。

佐藤さんが名実ともに統一協会員になったのは、一九九一年の一〇月にビデオセンターのコースを修了した直後、強要されて多額の献金をした後のことです。それ以来佐藤さんは、日常のすべてのことをアベルに報告し、協会からの指示に従って行動するようになっていました。それから丸四年の歳月を、報・連・相（報告、連絡、相談の略）を基本にして生活し続けたのですから、佐藤さんはとっさの出来事に対応する判断力がかなり低下しており、夫の詰問に自力で対応することができなかったものと考えられます。

この時の佐藤さんの様子について、佐藤さんのご主人は、あいつが口を固くつぶって梃子でも動かないという表情をした時、これはどうにもならないという感じがしました、と語っています。佐藤さんのご主人は、瞬間的にカルトの人格に変わった佐藤さんの変容ぶりを、この時初めて見たことになりますが、その驚きはただならぬものだったでしょう。しかし彼はこの時点では佐藤さんが統一協会によってどれほど人格を蝕まれているか、まだ分かっていなかったのです。そこで、佐藤さんが自分の意志で彼に逆らっているように考えて、その頑固さに、どうにもならないという驚きを感じたのでしょう。けれども佐藤さんも夫とは別の意味で「どうにもならない」と思ったはずです。

佐藤さんについて言えば、いくらカルトのマインドコントロールによって人格を変えられているからといっても、本来の人格がすっかり失われているわけではなく、それは押しつぶされて機能が低下しているだけなのです。そこでご主人の言い分もわからないわけではありません。このことについては何人かの元信者にも尋ねてみましたが、全員が同じように答えてくれました。ただし、マインドコントロールによってカルトの人格を植えつけられてしまった人にとっては、文鮮明を頂点とする統一協会側の人間だけが神側の人間であり、その他はすべてサタン側に属する人間なのです。

その理屈から言えば、夫といえどもサタン側の人間であり、統一協会に関する夫の知識はサタン側の雑誌その他が与えた情報が元になっているわけですから、そちらの理解が間違っているということになります。つまり、佐藤さんの方がご主人より上位に立って、今は相手に分かってもらえないけれど、やがて信仰が与えられた暁には彼も神側の人間になって、幸せを共有するようになるのだから、今は我慢しようと思うのだそうです。つまり、佐藤さんにしてみれば、説明したくても夫の発想と自分の発想との間にあまりにも大きな隔たりがあって、「どうにもならない」ということになるのです。

このように佐藤さんは、ご主人と同じ土俵に立って反発したのではなく、夫よりも上に立って黙りこくっていたのですから、これは佐藤さんのご主人にとっては何ともやりきれない不快感を感じたことでしょう。脅しても揺すっても微動もしない佐藤さんの様子に、どうにもならないと感じたのは当然のことです。けれどもその佐藤さんが、一夜明けると急に統一協会のことを白状したのですから、これもまた彼にとってはかなり驚異だったことでしょう。前の晩、ご主人の入浴中に何があったか、またその日の朝、彼が目覚める前に佐藤さんが何をしたか、佐藤さんのご主人はまったく知らないのです。そのような彼にとって、佐藤さんの変容ぶりは目を疑うほどだったはずです。

佐藤さんに統一協会信仰を白状されたご主人は、カッとなってお前が統一協会がらみで使った金は全額取り返してみせるぞ、と怒鳴りました。すると佐藤さんは、私が自由意志で買ったのだから訴訟を起こしてもお父さんが負けますよ、と協会長から指導を受けた通りに言い返しました。日頃は大人しくて静かに人に仕える佐藤さんが、こんなに大胆なことを言うのを、私はこの時初めて見て、かなり強い衝撃を受けました。私でさえそうなのですから、これは佐藤さんのご主人にとっては、言いようのない驚きであったでしょう。けれども佐藤さんにしてみれば、この行為はどれほどエネルギーを消耗するものだったたか知れないのです。

これだけ言うと佐藤さんは、二日間の抵抗の果てのことでもあり、もう疲れ果てて口もきけなかったと言っていました。正確に言えばこの時の佐藤さんは疲れだけではなくて、激しい恐れを感じていたそうです。もう体力は使い果たした後で、これ以上精神力も続かないとなると、自分がサタンの側に引きずり込まれても抵抗することができない、統一協会信仰を捨てるようにと迫られる時、佐藤さんだけではなくて、多くの信者は、一族もろとも自分も地獄に引きずり込まれるような恐れを感じるのだそうです。だから彼らは、反対されればされるほど、ますます頑なになって、その恐れから逃げるために、カルトの神にすがりつくのです。

人は誰でも身の危険を感じると一目散に逃げだします。けれども、もしも何かの事情で逃げられない時はどうでしょうか。動物は体を硬直させて仮死状態になります。人間にもそのような状態が起こることがあります。心が肉体から抜け出して、もぬけの殻になったようにまったく無反応になるのです。正確に言えば､座っているというより「そこにある」という方が当たっている感じになります。

佐藤さんはこのような状態になりました。この時の佐藤さんの状態は、前の二日間口を閉ざしていた佐藤さんの様子よりも、もっと恐ろしい様相を呈していたに違いありません。これは心理学的に言えば、一過性の離人症と言います。目の前にいる人間が確かに生きて呼吸をしているのに、まるで物体のように、というより、五〇kgもある肉の塊のように、無反応になって、そこにあるという感じです。私はそれからおよそ一年後に、我が家で佐藤さんがこのような状態にほんの一瞬だけ陥ったのを目撃しているので、それを手がかりに、この時の佐藤さんの様子を想像することができます。

私のこの想像には、かなりの確かさがあるはずです。なぜなら仮に佐藤さんのご主人が詰問して事実を白状させたとしても、それは彼にとってはあらかじめ知っていたことでありますから、それだけでは一二月一一日にあれほど怯えて私の家まで逃げてくるはずはないからです。確かにあの時佐藤さんのご主人は、得体の知れない物体に出会った人のような脅えぶりでした。けれども、後で考えてみると、この時彼が逃げてきてくれたことは、不幸中の幸いでした。なぜなら佐藤さんを長時間あのような状態に閉じ込めておけば、取り返しのつかない傷を心に負わせることにもなりかねなかったからです。

カルトの人格と本来の人格

カルトに捕われている家族を助けたいと願っている人は、第一の注意事項として本人を責めないことです。悪いことをしている自分の家族をなぜ責めてはいけないのか、佐藤さんの事例から学んでみましょう。

佐藤さんはこの時すでに丸四年間、正真正銘の統一協会員として生活していました。そのことは長女と長男には徐々に知らされていましたが、佐藤さんのご主人だけがまったく知らなかったのです。ところがある日、佐藤さんの事実を知った彼は、統一協会に対する感情的な嫌悪感以外には何の予備知識もなく、佐藤さんを責めたのです。彼としては攻めたのではなく、自分の力で統一協会から佐藤さんを脱会させようと思ったのかもしれません。ところがそれは無理です。なぜなら、一切のことを上からの指令に従って行動する行動様式がこの時すでに、佐藤さんにはでき上がっていたからです。

案の定、佐藤さんは夫から詰問されていることをアベルに報告しました。それを受けたアベルは協会長に連絡しました。そして協会長は、佐藤さんの相談に乗るために駆けつけてきたのです。つまりこれが、報・連・相の実態なのです。このように見てくると三日目の佐藤さんの変貌ぶりが理解できます。

さらに協会長の指導の内容にも目を向ける必要があります。すなわち、

①　夫に本当のことを話して、なるべく逆らわないようにすること。
②　金銭的なことを問われたら、自分の自由意志で買い物をしたのだから、訴訟を起こしても夫が負けると答えること。
③　しばらくは協会への出席も控えて、連絡だけは取ること。

というのが協会長の指導の内容でした。

①の白状した後は夫に逆らわないようにとの忠告は、一見常識的でありますが、②の金

銭的な問題への対応には、統一協会の本領が現れています。すなわち、万一佐藤さんのご主人から訴訟を起こされても、統一協会側は佐藤さんをかばわないだけではなく、自分の方は関わりがないと言い切るための下準備を、この時すでに開始しています。さらにいえば、佐藤さんは脅迫されて多額の献金をさせられているのに、そのことに対する注意は何も触れられてさえいないのです。そして実際には佐藤さんの自由意志で買い物をしたのだと夫に告げることによって、それがすべてであるかのように佐藤さん自身に思い込ませることも抜かりなくしています。それからもう一つ忘れてならないことは、③の、しばらくは協会への出席を控えて、連絡だけは取るようにということです。

つまり、苦境に陥っている佐藤さんを、放置して現状維持のままで構わないと見ています。このように苦境に陥っている会員を、統一協会は何年でも泳がせておくことがよくあると聞いています。なぜなら、一旦統一協会の渦の中に巻き込まれた人は、ほとんどの場合自力ではそこから抜け出すことができないので、このようにして放置しておいてもそれで本人が完全に離れてしまう心配はないのです。そこで本人に報告だけをさせて放置しておくのです。何年かして家族に異変でも起これば、その機会をとらえて元に戻すことはできるのです。このようにして統一協会が何年でも他人の人生の転機を待つことについては、すでに佐藤さんの事例でも検証済みです。

すなわち、佐藤家に初めに接近した配置薬の販売員を使って、佐藤さんを統一協会に誘い込むために、佐藤家に人生の転機が訪れるのを統一協会は実に六年間も待っていたのです。だから今回のような場合でも、実際このまま放置されたら、佐藤さんのご主人が病気にでもなった場合、佐藤さんは他によりすがるところがないから、確実に統一協会に戻るでしょう。そしてその暁には、ずっと統一協会に繋がっていた人の場合よりも遥かに強い罪意識と恐怖感を植え付けられて、多額の献金を搾り取られ、さらに激しく働かされることになるのです。これは私の想像ではなく、後日佐藤さんが統一協会を脱会して損害賠償請求の民事訴訟を起こした時に、そこに被告側の証人として出廷した霊能師の証言から、皮肉にもそのことを伺い知ることができたのです。

さて話を元に戻すと、佐藤さんのご主人に詰問されて黙り込んだ佐藤さんの行動と、急にきつい言葉で話し出した佐藤さんの行動とは、どちらも統一協会のマインドコントロールによって植え付けられた別人格の佐藤さんの行動なのです。そこで統一協会の束縛から解放させるためには、本人を脱会させるだけではなく、マインドコントロールによって植え付けられたこの別人格を取り除いて、本人の本来の人格を生き生きと回復させ、本人が自由意志に基づいて生きることができるように援助することが必要なのです。

佐藤さんを統一協会から救出するということは、抽象的に言えば、佐藤さん本来の人格を回復させること、これだけのことですが、これは本人の人生観や信仰とも深く関わる問題であり、実際面では脱会後の社会復帰にまで関わる問題であり、専門的な知識と経験を必要とするものなのです。そこで、家族がいくら熱意をもって事にあたっても、何も勉強しないで、ただ統一協会を脱会させることだけに取り掛かれば、本人を傷つけることになるのです。

けれども佐藤さんの事例について言えば、残念なことに、あの日以来佐藤さんに対するご主人の締め付けは、ますます強くなっていきました。本人を責めてはならないということは理屈の上では理解できるのですが、顔を突き合わせると不快感がこみ上げてきて、つい叱責の言葉が口をついて出てしまうというのが本音でした。叱責は次第にエスカレートして、俺の顔に泥を塗った、とか、佐藤家の家名に傷をつけたなどと言い募る事態も起きてきました。そうなると、佐藤さんだけではなく長男も父親に反抗して、離婚を勧めるようにさえなってきました。佐藤さんの言い分によれば、文鮮明夫妻を真のご父母様と仰いで、全世界が一家族のようになり、みんなでみ旨のために励めば本当に幸せな世の中が完成するのだから、佐藤さんはその時を楽しみに、夫のために、家族のために、先祖のために、近隣のために、日本のために、世界のために、と仕えてきたのだと言うのです。

佐藤さんがこのように泣きながら語るのを聞いているうちに、私は七〇年以上も死語のようになっていたある言葉を思い出しました。「八紘一宇」という言葉です。戦後生まれの人はこの言葉をほとんど知らないでしょうが、日本語大辞典によれば、「全世界が一家のようであること、太平洋戦争時日本の海外進出を正当化する標語として用いられた」とあります。あの時も集団の頂点には「現人神」を仕立て上げた人物たちがいて、一般大衆を物質のように操り、多くの青年たちを特攻隊に志願させ、肉弾と称して飛行機に乗せて敵の艦隊に突撃させました。

実際に統一協会は、この歴史的事実を自分たちに都合のよいように使って、会員の意気高揚を図っています。つまり、今の日本人は堕落して自分のことしか考えていないけれど、戦時中の人々はもっと高潔で、お国のために命を捧げて戦ったのだ、君たちはさらにその上を行って、世界のために、真のご父母様に従って働きなさい、というのだそうです。

あの戦争の時は、日本中が常軌を逸していましたから、誰も公然と抗議することもできなかったのですが、それでもわが子が特攻隊に志願したとなれば、人間らしさを剥奪され爆弾と同じ扱いを受けて死んでゆく息子のために、親たちは泣いていました。考えてみれば、私が佐藤さんのご主人に期待したものは、この時の親たちの想いと同じ種類の思いだったのです。

それなのに彼のほうは、費やされた金銭と自分のメンツや家名のことしか念頭にないと言って、佐藤さんは涙を流していたのです。これは佐藤さんのご主人に限ったことではなく、カルト問題で悩んでいる多くの家族が本当に憂えるべきものを見逃して、表面的なものに心を奪われているのではないでしょうか。いずれにしても、文鮮明の欺瞞にまったく気づいていない佐藤さんの立場になれば、確かにこれではご主人がひどいということになります。私としてはこんなに人格を歪められて思考の回路まで変えられてしまった佐藤さんを、佐藤さんのご主人が丸抱えに抱え込んで、どうしても助けたいという思いになっていただきたかったのです。そしてそのためにこそ、まずカルトの佐藤さんの実態を理解してほしかったのです。けれども実際はそれとは程遠いものになってしまったのです。

カルトの佐藤さんと平常のご主人とがどれほど食い違っているかを理解するためにそのころ佐藤さんが私にくれた手紙を検討してみましょう。ちなみにこの手紙の消印は一九九五年一二月二三日つまり佐藤さんとご主人との間で争いが始まってからおよそ三週間後になっています。

（前文省略　原文のまま　傍線と数字、著者）

今、私の家では、子供たちの全く知らないところですさまじい精神戦争が繰り返されています。①イエス様当時、そして日本にキリスト教が入ってきた当時、かくありなんと、当時の人の心情を体験させて頂いております。でも、不思議と心は穏やかで、②主人に対する何の感情も湧いてまいりません。感謝しています。③自分の意思でないものが働いて、かたくなに、文師から引き剥がそうとする者に逆らっています。

④主はイエス様お一人、先生は再臨主、人間として神と一体となられた方、と受け止めて

います。

⑤毎日祈る中で解決の得られることを願っています。

⑥神保さんも頑張ってください。

きっと⑦主が守って下さいます。お祈りしております。

（以下省略）

私はこの手紙を小岩牧師に解説していただきました。小岩牧師はこの手紙をごく普通の統一協会信仰の観点から解釈しておられます。その解説は次の通りでした。

すなわち、この手紙には統一協会信仰を夫から反対されている妻が自分の信仰を頼りにして、夫からの迫害を克服しようとしている様子が表現されています。信仰を持たない普通の主婦であれば、夫の反対にこれほどまでに抵抗することはありえません。

次に、傍線①の文中に、心情という単語が出てきますが、これには一般の意味だけでなく原理用語（統一協会の教理に関する専門用語）の意味が込められています。つまり、文鮮明が神のみ旨を成就するために凄絶な歩みをしてきたので、彼の心情に答えることが信者としての自分自身の務めである、との意味です。そのような考え方に立って傍線①と②を続けて読むと、イエスが伝道を開始した当時や日本にキリスト教が伝来した当時に人々が受けたと同じ迫害を自分は今、文鮮明の心情を体験させていただいている気持ちになって体験しています。だから心が穏やかで主人に対しては何の感情も湧いてこないばかりか、このような体験をさせてもらったことを（主人に）感謝しています、ということになります。

傍線③は文鮮明から自分を引き裂こうとする力、すなわち夫の強烈な反対に対しては、平素の自分の意思以上の力が働いて、信仰を守ろうとしているということです。

傍線④は、文章の順序が入り乱れているので分かりにくいですが、ここに出てくる主イエスは、原理（統一協会の教理）のイエスであって、人間として神と一体になられた方であり、文鮮明は人間イエスと同列の再臨主である、ということになります。

傍線⑤に祈りとありますが、統一協会の祈りはある条件を立てて、私がかくかくしかじかのことをしますから、これこれの願いを叶えてくださいという一種の取引です。

傍線⑦に、主云々とありますが、ここでいう主とは、イエス・キリストと文鮮明の両者です。

以上が小岩牧師の解釈ですが、どうも私には当時の佐藤さんが統一原理に対してこれほど明確な理解を持っていたかどうかについて疑問が残ります。先にも記しましたように、私は毎週佐藤さん宅を訪問して佐藤さんから統一協会信仰の話を聞かせてもらっていましたが、佐藤さんが元はクリスチャンであったという特殊な事情があるためか、彼女の信仰の内容には統一協会の教理とキリスト教のそれとが複雑に混ざり合っている様でした。いやあるいは、私自身がほとんど無意識に自分のキリスト教信仰の観点から佐藤さんの話を聞いて混同しているのでしょうか。いずれにしても、私自身がこの手紙をどのように理解したかを以下に記して参考に供します。

傍線①は、家族その他などから信仰を反対されている会員に対して、統一協会が信仰を強化させるための常套手段です。つまりイエス・キリストがイスラエルの地で伝道を開始した時も、あるいは日本にキリスト教が伝来した当時も、信者たちは迫害に耐えながら信仰を守り抜いてきたのだから、あなた方も強くなりなさい、というのが彼らの言い分でした。このようにして反対を受ければ受けるほど、信者たちは強くなっていきます。さらに統一協会は反対を受けている信者に対してそれはあなた方の信仰が深められて迫害を受ける価値のあるものに成長した証拠だと言ってほめたたえます（ただし、これとは正反対にあなた方の努力が足りないから神に打たれ、結果として苦しめられているのだ、と叱責してさらに深入りさせる場合もあります）。ここで注目すべきことは、カルトの佐藤さんが傍線①の文面を統一協会の教えとしてではなく、自分自身の信念として書いていることです。つまりこのころになると佐藤さんの統一協会信仰がさらに内面化したことがうかがい知れます。

さらに、傍線②の主人云々という文面を見れば、佐藤さんがこの手紙を書いた時点ではすでにパニックから脱却して、佐藤さんのご主人の言葉に痛痒を感じていないばかりではなく、感謝さえしていることが明確に理解できます。佐藤さんのご主人はきつく反対すればすぐにでも佐藤さんが統一協会から離れるだろうと期待していたかもしれませんが、カルトの佐藤さんはここではご主人の言葉を穏やかに受け止めて、その言葉が佐藤さん自身の信仰を却って成長させてくれたことへの感謝を表現しているのです。

このように佐藤さんのご主人とカルトの佐藤さんとは、同じ日本語を語っていながら正反対の意味をその言葉の中に盛り込んでいるのです。カルトの恐ろしさの一つは言葉が伝達の手段として機能しなくなることにあります。つまりカルトの人格がその人の中で大きく位置を占めるようになると、その人は一般の社会の人たちの言葉を一般の人たちと同じように聞き取れなくなり、カルト集団の中以外のところでは生きていくことが難しくなるのです。

また傍線⑥は、カルトの佐藤さんが私を励ましてくれています。たぶん佐藤さんは私を佐藤さんと同じ統一協会信仰を持っている友であると勘違いしているようです。では一体どうすれば良いのでしょうか。

細部はともかくとして、ここではっきりさせておきたいことが二つあります。その一つは、信仰を禁止すればするほど彼らは心を固くして、ファイトを燃やすということと、統一協会側に対策を講じるきっかけを与えることになるということです。その意味でも家族としては本人を助け出す準備が完了するまでは、本人を責めることは百害あって一利なしということになります。

その次は本人を説得することはあくまでも統一協会の罠にかかった人の人格を回復するために行われるものだということです。そのために家族に要求されることは、愛情と忍耐心と知恵と相手の視点に立って物を考える柔軟性です。専門的なことは専門家に任せれば良いので、家族としては恥や外分や面子に苦しむこともある意味ではやむを得ませんが、その思いを克服して、被害者である家族を救おうとする純粋な愛情を持ち続けることが大切です。

この話し合いの最中は、人間の生き方の根本に関わる問題を否応なしに考えることになるので、すっかりことが済んでから振り返ると、その時の経験は家族共有のかけがえのない宝になっていると統一協会からの脱会の経験者は例外なく言っています。

第三章　救出の準備

救出準備の学習始まる

佐藤さんが統一協会に入信していることを私に打ち明けてくれてから、六カ月経過しました。その間夫と私は手分けをして佐藤さんを統一協会の束縛から解放する方策を模索しました。すなわち、夫は毎週荻窪栄光教会に通って、救出準備の相談会に出席しました。一方私は丘の上キリスト教会に留まり、佐藤さんの後任となって会計係の奉仕をしました。こうして丘の上キリスト教会内部での佐藤さんの経験を理解することに努めたのです。二人別々に行動して、そこで学習したことや発見したことなどを、逐一丘の上キリスト教会の役員会に報告しました。

丘の上キリスト教会の役員会は次第に事の重大さに気づき、教会として佐藤さんに対する配慮が不適切なものであったことを理解してくれました。そこで、丘の上キリスト教会役員会は、早速小岩牧師を講師として招き、統一協会問題にどのように対処すべきかを学習し始めました。小岩牧師は統一協会がどのようにして信者を獲得するか、一旦統一協会の内部に取り込まれてしまうと、当事者の人格がどのように変容するかなど、具体的に話されました。やがて、佐藤さんの統一協会問題解決のために、何かできることがあったら手伝いたいという人々が丘の上キリスト教会の中から出始めました。

一方佐藤さんのご主人は一九九五年一一月二九日に佐藤さんの統一協会問題を知らされると、翌一二月の初めから夫と共に荻窪栄光教会に出席して、佐藤さんを助け出す主役となるために準備の学習を始めました。けれどもこれは佐藤さんのご主人にとっては大層屈辱的なことでした。その第一の理由は、佐藤さんのご主人が唯物無神論の思想の持ち主であることでした。

宗教の価値をまったく認めていない唯物主義者が、キリスト教会に助けを求め、指導を仰がなければならないのですから、プライドがうずくのは当然です。佐藤さんのご主人が佐藤さんに向かって「俺の顔に泥を塗った」と言って攻めた背後には、日頃の主義主張をかなぐり捨てなければならない苦痛があったのです。

佐藤さんのご主人にとって第二の難関は、佐藤さんを統一協会の束縛から解放するために家族や親族の協力を求めなければならないことでした。すでに触れたように、佐藤さんのご主人は日頃から人付き合いを楽しむタイプの人ではないのです。しかも自分の兄弟たちは高齢者や病人ばかりで、頼りになりえません。頼むとすれば、有能な人々が揃っている佐藤さんの身内なのです。けれども佐藤さんのご主人は、日頃から佐藤さんの実家の兄弟姉妹ともさほど親しくなかったのです。これらのことを考えると、協力者を募ることは佐藤さんのご主人にとってかなり難しいことなのでした。

そのような事情もあって、佐藤さんのご主人は独力で佐藤さんを説得したのです。けれども、これは惨憺たる失敗に終わりました。佐藤さんのご主人が佐藤さんの統一協会信仰に反対し始めたことは、報・連・相によってさっそく統一協会に知らされました。すると統一協会側は、佐藤さんに対して反牧対策を開始しました。すなわち反対牧師対策のことであり、統一協会の活動を憂慮してそれを阻止するために活動を起こしている牧師等への対策のことです。佐藤さんは、協会長の指示に従って、当分の間統一協会への出席を見合わせるようになりました。こうなると佐藤さんのご主人にとっては、反対することが一層難しくなりました。

先にも触れたように佐藤さんのご主人は唯物論者でありますから、統一協会信仰のどこが問題なのかについて佐藤さんと論じることが非常に難しいのです。佐藤さんに向かって教会へ行かないようにと言えば、もう行っていません、と佐藤さんは泰然として答えます。実際これは本当なのです。佐藤さんは確かに協会の建物にはまったく近づいてさえいなかったのです。ただし、近所のスーパーマーケットでも、公園でも、喫茶店でも、どこでも、佐藤さんはアベルと会って報・連・相を繰り返していたので、信仰を保つ上で何の支障もなかったのです。このことからも分かるように、佐藤さんの統一協会行きを反対したことによって、不利になったのは断然佐藤さんのご主人の方なのです。

また、この時を境に、統一協会側は佐藤さんに対して拉致監禁に気をつけるようにと言い始めました。一方佐藤さんのご主人は、荻窪栄光教会の名前入りの印刷物や参考文献、電話番号などを、佐藤さんに見つからないように注意しました。統一協会の指示で佐藤さんが夫の持ち物を検査することも起こりうるからです。そこで佐藤さんのご主人は、本や印刷物については、居住地の地区センターの事務員さんに個人的に頼み込んで、それらの物を預かってもらいました。参考文献を読むためには、不便でも地区センターに通っていたのです。またメモ類は鞄から絶対に出さないようにするから大丈夫だと思ったそうです。

ところが、このことから思いがけない計算違いが起こりました。佐藤さんのご主人が反対し始めてからわずか一週間後の一二月一七日に、血相を変えた様子で神保宅に電話がありました。鞄からメモが抜き取られて、自宅の電話台の上に置いてあったと言うのです。犯人は当然佐藤さんだと思って慌てました。メモには小岩牧師や神保の研究室の電話番号が書かれていたとのことでした。そのメモを佐藤さんが夫のカバンから抜き取って、アベルに報告し、アベルが協会長に連絡し、協会長が相談に乗るという例の伝達経路を経て、協会長の指示により、佐藤さんが夫への牽制の為に電話台の上に置いたものと、佐藤さんのご主人が考えたのも無理のないことです。

この知らせに、私たちも顔色を変えました。佐藤さんのご主人の背後に私たちがいると分かれば、協会長の指示によって、佐藤さんと私との関係を断ち切られることも時間の問題であろうと考えました。また、佐藤さんのご主人が荻窪栄光教会と関係を持っていることが分かれば、統一協会側が佐藤さんに対して、拉致監禁される恐れがあるから家を出て居場所をくらますようにと指示を出すことも起こり得ます。事実そのような例は珍しくないのです。そうなれば佐藤さんを助けることはますます困難になります。これには夫も私も途方にくれました。けれどもここに至ってはどうすることもできないので、悪あがきをせずに事態を静観することにしました。しかし不思議なことに、その後何事もなく、佐藤さんと私との付き合いは続きました。

実はこの一件は後になって佐藤さんが統一協会を脱会してから聞き出してみると、まったくの思い違いで、笑い話にすぎませんでした。というのは、佐藤さんのご主人が自分でメモを鞄から出して電話をかけた後、緊張のしすぎでうっかりしまい忘れ、置き去りにしただけのことだったのです。そのメモが電話台の上に置いてあるのを後で発見した佐藤さんのご主人が、自分の迂闊さには気づかずに、てっきり佐藤さんの仕業だと思い込んで慌てていたのです。

このことからもわかるように、佐藤さんのご主人は佐藤さんの統一協会問題を本当に心配していることは確かなのですが、不安が募るばかりで勉強に集中できないためか、実際面では救出の準備は一向に進まず、動けば動くほど夫婦間の溝が深くなるばかりでした。

それに対して佐藤さんの方は、五年も前から統一協会のマインドコントロールによって人格の変容が進んでいて、何も考えずに協会長の指示通りに動くことができるのですから、夫婦間の心理戦争は佐藤さんの方が断然優勢でした。

統一協会内部での信者本人の状態

統一協会側は佐藤さんが正式に統一協会員になった後も、佐藤さんへの献金攻めは変わりませんでした。その一例を示すと、一九九一年一一月二九日に文鮮明が北朝鮮の金日成と会うことを理由に会員全体に多額の献金が強要されたことがあります。この時、佐藤さんは二〇万円の献金とその他に三〇〇万円を統一協会側に貸し付けています。貸したお金は一年後に返済されるという条件でありましたが、実際に返金されたのは一〇〇万円だけで、あとの二〇〇万円はうやむやな形で事実上献金させられています。

またこの年の一二月から、佐藤さんは研修という名目で駅前に立って、通行人にアンケートをとる活動をさせられています。このアンケートの実際の目的は、一人でも多くの通行人に住所、氏名、電話番号を書いてもらって、彼らをビデオセンターに誘い込むきっかけを作ることにあります。佐藤さんは人付き合いの上手な人ではないので、このような活動には不向きです。結局ビデオセンターには一人も誘い込むことができませんでしたが、このことは佐藤さん自身にとっても精神的な負い目になります。すると統一協会側は佐藤さんのそうした負い目を利用して、次の課題を与えるという仕組みなのです。ノルマが果たせなかったからといって、会員の前で歌を歌えとか、踊りを踊れなどと屈辱的なことを言われたこともあるそうです。

ただしこの協会長の命令を屈辱的だと感じたのは、佐藤さん自身が統一協会を脱会してからのことです。統一協会の中では、また別の受け止め方をしています。すなわち、目標が達成できないのは、自我があって活動を恥ずかしいなどと思ってしまうからなのだ、と考えるのです。その自我が堕落性本性（統一協会用語で、人類が持つ罪の性質を言う）なのだから、それを取り除くための訓練として、歌や踊りをさせられるのだ。自分はもっと幼子のようにならなければだめだ、と考えます。このようにして彼らは本来の自分を次第に作り替えられていくのです。

当然のことながら経済活動もさせられました。人参茶を売り歩いたのです。これも佐藤さんは外部の人に売ることができなくて、身内の人に買ってもらった他は、結局自分で買うことになりました。また、一九九三年一〇月には日本の女性信者五万名を済州島の修練所で学ばせる訪韓ツアーが、統一協会側で企画されました。佐藤さんもそれへの参加を強要されて応じています。この時の統一協会側の進め方を参考のために記しますと、次の通りです。

五万名の修練会参加が達成されなかったら、日本の国がひどいことになるばかりではなく、世界も救えなくなる。そうなると子どもたちが犠牲になる。もうすでに犠牲者が出ている。墓石が倒れて子どもが二人亡くなるという事故も起きている。あなたの息子が死んだらたいへんだ。若い人を救うためにも行かなければいけない、という具合です。

正常な判断力を持った大人であれば、このような言い分は当然無視することができますけれども、一旦統一協会信仰を植えつけられて思考の回路を組み換えられてしまうと、それなりの人生経験を持っているはずの中年婦人が、このような誘いに大真面目に乗ってしまうのです。ちなみにこの時の訪韓ツアーは、参加費が六万三千円で、他に献金として一一〇万円を要求されています。もちろん、佐藤さんも参加した以上はこの金額を工面して支払う羽目になりました。

夫婦間の意識のずれ

右に記した支出はほんの一部ではありますが、統一協会から度々献金を強要されて生活苦を感じた佐藤さんは、副収入を図るために和服の着付け師になることを考えました。講習料は四〇万円で月謝形式の分割払いです。八月から一一月まですでに四カ月分として、計二万円は支払い済みです。ところがこの年の秋に佐藤さんの統一協会信仰を知った佐藤さんのご主人が、経済的流出に不安を感じて、一二月に入ってから生活費のための銀行の預金通帳を佐藤さんから取り上げました。その結果佐藤さんは月謝の支払いができなくなりました。そこで講習料の支出を認めてもらうために、ご主人に着付けの講習のことを話しました。すると佐藤さんのご主人がひどく怒って反対したと言います。八月に話した時には反対しなかったのに、夫の態度が豹変した、と佐藤さんは言っていました。その上翌年の一月からは講習の内容が高度になり、授業料も月一万五千円に値上がりするので、食費を削って工面することもできません。佐藤さんとしては収入を図るために着付け師になりたかったので残念だけれど、解約せざるを得ない、ということです。この話は統一協会とはまったく関係がないのに、ご主人に信じてもらえないと言って佐藤さんは当惑していました。

この同じ話を、私は佐藤さんのご主人からも聞かされる羽目になりました。それによれば、次の通りです。佐藤さんが和服の着付け師になるために、月賦で講習料を四〇万円支払う契約をしてしまった。二人の女性が家に来て佐藤さんと三人で着付けの実習をしていた。そのうちに講習の契約をするという話が聞こえたので、割って入って反対した。ところが自分が席を外している間に契約をしてしまったので、ひどく怒った。では解約するということになり佐藤さんが電話をかけても埒が明かない。そこで佐藤さんのご主人が代わったが、相手も男性に変わり、佐藤さんのご主人の言い分をまともに聞こうともせずに、ヘラヘラと笑って誤魔化そうとした。そして結局は電話を切られてしまった。その時の相手の態度から察して、統一協会だなと思ったとのことでした。

この二人の話を突き合わせてみると、話題の中心である四つのこと以外には一致点がないことに気がつきます。すなわち①佐藤さんが和服の着付け師になろうとしている、②講習料が四〇万円、③佐藤さんのご主人が反対、④解約、の四点だけが二人の話の中の共通点です。そして細部についていては、佐藤さんの話は講習料の支払いに強調点があるのに対して、佐藤さんのご主人の場合は契約と解約に強調点が置かれています。つまり、同じ話題を話していながら二人の意識は大層ずれています。佐藤さんは金銭面で佐藤さんのご主人から自由を奪われていることに意識が集中しているのに対して、佐藤さんのご主人は妙な方法で統一協会から金銭を騙し取られるのではないかとの不安に意識が集中しています。

実のところ統一協会の関連企業が和服の着付け教室を営んでいるという話は聞いたことがありませんから、これは佐藤さんのご主人の杞憂でしょう。当時の佐藤さんのご主人にとっては、佐藤さんのすることのすべてが統一協会と関連しているように見えてしまうようでした。

とは言っても、この着付け教室は、どうもまっとうなものではなさそうです。ちなみに文部大臣や通産大臣が公認している着付け教室の場合であれば、全教程を習得するための講習料は、教材費込みでも二〇万円くらいです。佐藤さんは他をあたってみることもしないで、一般の二倍も支払う契約をしたのです。このことから当時の佐藤さんの金銭感覚や判断力が麻痺していることを伺い知ることができます。統一協会側から絶えず数十万、数百万、という単位でお金を搾り取られている佐藤さんとしては、収入をはかる元手として四〇万円なら高くないと思ったのでしょう。しかも佐藤さんは自分の能力や適性をまったく考慮せずに、一番不向きな対人関係の仕事を選んでいます。これらのことからすでに佐藤さんの判断力や思考力がかなり退行していることがわかります。

　佐藤さんがこの状態であれば、佐藤さんのご主人としては不安を感じるのは当然です。しかし、解約は、佐藤さんのご主人の話の中にあったように、二人の手に負えませんでした。普通の着付け教室であれば、受講生の側で自由にやめることができるはずですが、佐藤さんの場合は、契約上それができないことになっていました。そこで結局、佐藤さんの叔父さんにあたる弁護士の手を煩わせることになりました。この解約の手続きには、佐藤さん自身が出向きました。相手は実の叔父さんなので、佐藤さんは気やすく話すことができました。今回の着付け教室は統一協会とは無関係であるのに、佐藤さんのご主人にそれを信じてもらえないことも、忌憚なく話しました。するとこの時も佐藤さんは、拉致監禁に注意するようにと、叔父さんから言われたそうです。

　弁護士であれば当然のことながら、拉致監禁ばかりではなく、統一協会の霊感商法の悪徳ぶりについても知っているはずです。それなのに、この際叔父さんが本当に拉致監禁だけを取り上げて佐藤さんに注意を喚起したとすれば、それは佐藤さんのご主人が唯物主義の無神論者であったために、手荒な拉致監禁という手段を講じても、佐藤さんの信仰を否定することもあり得ると、叔父さんが考えている証拠ではないでしょうか。またそうであれば、佐藤さんのご主人は、叔父さんからさほど好感を持たれていないようだと推測することができるでしょう。

これらの事情を考える限りでは、親族の理解や協力を得て佐藤さんを統一協会の束縛から解放させることは、準備段階からかなり難航しそうです。私たちも次第に不安を感じるようになりました。そうこうするうちに佐藤さんのご主人は心配のあまり熟睡できなくなり、食欲が減退して約六週間の間に五kg近くも痩せてしまいました。それなのに体が重くて体の中に鉛を流し込まれたような感じがするとのことでした。

年が明けて一九九六年の一月相変わらず荻窪栄光教会に通い続けていた私の夫から、佐藤さんのご主人が教会に来なくなって二週間が経つと聞かされました。教会の人たちも、どうしたのでしょうか、と声をかけてくれたそうです。とうとう佐藤さんのご主人は病気になってしまったのかと皆で心配しました。

信者本人の信仰的変化

先にも記しましたように、協会長の勧めで佐藤さんは統一協会の集会を欠席するようになりました。これは、ご主人の望むところだったはずです。そうなれば信仰の弱体化を図れるだろうと、佐藤さんのご主人は考えたのです。けれども、むしろ反対に佐藤さんは積極的になってきました。それまではごくたまに何かの機会にだけ行っていた水行を、毎晩するようになったのです。この水行とは、堕落人間が罪の償いのために行う一種の宗教行為です。佐藤さんはご主人の反対にあって協会への出席を見合わせているために、神のみ旨に反しているという罪意識があり、それを埋め合わせる条件として水行を行っていたのです。佐藤さんは風呂に入る度に左右の肩に四〇回も水をかけていたそうですから、ザーザーと派手な水音がして、何やら独り言が聞こえるとのことでした。すると佐藤さんのご主人は不安に駆られて風呂上がりの佐藤さんを責めずにはいられなくなるのです。こうして二人の関係はますます険悪なものになっていきました。

それにもかかわらず、こういう状況の中で佐藤さんは、またしても宝石の展示会に出向いて、三個目のペンダントを買っています。この時は前回、前々回のように強要されて買ったのではなく、むしろ自発的に買っているのです。長男の婚約者に送るつもりだと言っていましたが、この時点では長男にはまだ婚約者は決まっていなかったのですから、これは常軌を逸した買い物としか言いようがありません。

佐藤さんのご主人にこれほど強く信仰を反対されている最中に、その夫を無視してその上生活苦も顧みずに、さしあたり必要ではない六〇万円以上の買い物をするのですから、これはしたたかな行為です。おとなしい佐藤さんの態度をこのように変容させた原動力は何でしょうか。これこそまさに五％の「責任分担」という統一協会の教えなのです。

統一協会によれば、人間の始祖であるアダムとエバが罪を犯したためにこの世は台無しになってしまった。そこでこれを復帰させて元来の状態に戻すために、神が九五％の責任分担を負い、人間が残りの五％の責任分担を果たさなければならないというのです。しかもこの五％という数字がどこから出てきたかについては、原理講論には一切説明がなされていないのです。これは絶対的な神の摂理であるというのです。さらに原理講論によれば、この五％の責任分担が人間自身においては一〇〇％に該当するという事を知らなければならないのだそうです。

こういうわけで、統一協会の信者たちは神のみ旨、すなわち実際問題としては自称再臨のキリストなる文鮮明の命令に一〇〇％したがって、働かされるというわけです。しかも人間がこの責任分担を果たさなければ、先祖が苦界で喘ぐ、家族が苦境に立たされる、子孫が絶える、人類が滅びる、世界が破滅する、と次々に脅しをかけられて、追い回されることになります。これはまさに恐怖信仰以外の何物でもありません。

とはいっても、統一協会の信者たちが絶えず恐怖に怯えてばかりいるのかと言うと、必ずしもそうではありません。彼らは自分たちこそ神側の存在であるとして、プライドを持っているし、神のみ旨に従って五％の責任分担を果たすために仲間と協力して一生懸命働いているのですから、それなりに楽しいのだとも言います。そして彼らは仲間内だけでしか通じない特殊な言葉で話し合い、人間らしく悩むことも、疑うことも、自由意志で選ぶことも禁じられて、というより自分自身でそれらの想いを否定して、一〇〇%文鮮明の命令に従おうとするのです。こういう訳で、統一協会の信者たちは、信仰が進むにつれて、その世界の中でしか生きていくことのできない存在に、結果的に作り変えられてしまうのです。

さて、この教えを佐藤さんの事例に当てはめて考えると、佐藤さんはご主人に反対されて形式的にせよ統一協会から離れているわけですから、責任分担を果たしていないことになります。これが精神的な負い目になって、み旨のために働かなければ、という気持ちが強くなります。統一協会の教えによれば、文鮮明を信じない人間は誰でもサタン側の人間ですから、夫といえども佐藤さんにとってはサタンの手先なのです。つまり、佐藤さんがご主人に責められているということは、佐藤家がサタンに責められているということになります。このような目にあうのは、自分が責任分担を果たしていないからだという意識にかり立てられて、佐藤さんはいつ現れるかもしれない長男の婚約者のためにペンダントを買ったのです。

前回と前々回は強要されて買ったものを、今回は自分の判断で買っています。ここに佐藤さんの五年間の信仰生活の結果がもたらした意識の変容を見ることができます。

つまり初めのうちは外圧を加えられなければ意識にのぼらなかった「責任分担」という言葉が、五年間も繰り返して聞かされているうちに、自分自身の心の中にすっかり根を下ろして、自発的な行動として外側に出るようになっているのです。このようにして統一協会の信者たちは、次第に上の人の命令を待たなくても表向きは神のみ旨である文鮮明の要求通りに行動できるようになり、被害者から加害者に変えられていくのです。考えようによっては、この時期は佐藤さんのご主人の攻撃によって、佐藤さんが信仰的に鍛えられ、成長して、被害者から加害者へと変えられていくターニングポイントであった、とも言えるでしょう。

親族への協力依頼

佐藤さんのご主人の理解が進まないために、佐藤さんの統一協会問題は解決の目処が一向に立ちませんでした。そこで小岩牧師が時間を割いて相談に乗ってくれることになりました。それは一九九六年一月二〇日から始まりました。これには私も同席しました。佐藤さんが統一協会信仰の束縛から解放されるためには、自分の心を静かに見つめ、自分の信仰を再検討することができるように、しばらくの間統一協会の人たちと会わないで安心していられる静かな場所と時間を整えること。これが家族としてしなければならない大切なことです、と小岩牧師は、これまで何度も教えたことを懇切丁寧に五時間もかけて繰り返しました。

ここで救出のために何をどのようにするかを、念のためにまとめてみましょう。

a　この問題は、本人にとっても、家族にとっても、人生を分ける大切な問題ですから、この機会に本人の統一協会信仰を再検討するように勧めます。

b　統一協会から影響を受けないで静かに考えることができるように、場所と時間を確保します。

c　本人だけではなく、家族も一緒にこの問題を考えます。なぜならこの問題は本人だけの問題ではなく家族にとっても深刻な問題であるからです。

d　信者と話し合う。

内容　①　なぜ統一協会に入ったのか。

②　どこが信じるに値する素晴らしい所なのか。

③　統一協会に問題はないのか。

④　原理講論のどこが素晴らしいのか。矛盾や嘘がないのか。

e　救出カウンセラーの援助を受ける。

内容　①　統一協会の教義上のうそ、いつわり、間違いに気づいてもらうため。

②　マインドコントロールによって思考停止になっているので、自分で考える力を回復するがため。

③　統一協会に関する多くの資料を自分の目で確かめるために、文献の紹介を受ける。

④　本人が脱会を決意した後も、心が空洞状態になるので、自分を回復するため。
⑤　カルトに属していた間は、社会と隔絶した世界に生きてきたので、自分を軌道修正しながら、社会復帰をする必要があるため。

小岩牧師から話を聞いたわずか八日後に、佐藤さんのご主人は、佐藤さんの救出の協力を依頼するために、佐藤さんの実家を訪問してしまいました。このことを知らされた時私たちは、飛び上がって驚きました。何しろ佐藤さんのご主人は、経済の流出に対する心配ばかりが先立って、佐藤さんの信仰がどのようなものなのか、なぜそれが危険なのか、佐藤さんがなぜ独力では抜け出すことができないのかなどについては、この時点になってもまるでわかっていなかったのです。案の定佐藤さんの実家の人々からは協力を断られました。

佐藤さんの兄の言い分は次の通りです。

①　佐藤家の夫婦関係の問題ではないか。
②　丘の上キリスト教会が、佐藤さんの救いのために機能を果たしていなかったのではないか。
③　上記二つの問題が解決すれば、佐藤さんの統一協会問題は、自然消滅するのではない

か。

ということでした。

これを見る限りでは、兄たちはまったく聞く耳を持っていなかったわけではなさそうです。問題は、論点をよく整理して出向かなかった佐藤さんのご主人にあります。それでもさすがに佐藤さんのご主人は、断られてそのまま引き下がったわけではありません。持参した参考文献を示して、このままでは一家が破滅しそうだと訴えたとのことです。すると佐藤さんの実家の人々の態度が少し変わって、では二月の連休（この年は二月一一、一二日）に兄妹姉妹で相談すると言ってくれたので、よろしく頼んで帰宅した、とのことでした。

これを聞いて、とうとう私は爆発しました。ご自分の奥さんの存亡に関わる大問題なのに、よろしく頼むとは何事ですか、と詰め寄りました。佐藤さんのご主人は、私の剣幕にしばらく呆然としていました。

この様子から何と理解の悪い人であることか、との印象を持たれても仕方がないでしょう。けれども、家族をカルトから助け出したいと願う人々の中には、佐藤さんのご主人と似たタイプの人が時折いることを、私は後になって知りました。すなわちそのような人は、どちらかと言うと社会的には人を指導する立場の人です。人に教えることにかけてはベテランなのですが、他人から学ぶ姿勢が十分でなく、他人の話の中から自分にとって都合のよいところだけを取り入れて、あとは自分勝手な解釈に基づいて動く傾向が強いのです。

つまり連携プレイが不得意で事態をますます困難なものにしてしまう傾向があるのです。
話を元に戻すと、佐藤さんのご主人は私の剣幕にあってようやく自分の軽率さに気づいたようです。では連休前に佐藤さんの姉に会うよう心掛けるとのことでした。けれども、実際には当の姉から会うことを断られたので、電話で用件を話したとのことでした。姉の言い分は次の通りです。

① 宗教はどれでも同じだ。

② すでに連休に兄弟で相談する約束ができているので、こちらに任せてほしい。

そして、この時の電話のやり取りはその日のうちに佐藤さんに伝えられてしまいました。これは当然のことです。なぜなら一九九三年に佐藤さんが済州島で行われた統一協会の修練会に参加した折に、この姉の知り合いが経営するペンションに行くと佐藤さんのご主人を偽って出かけているのです。つまり、すでに三年も前から姉は佐藤さんの統一協会信仰を知っていて、佐藤さんをかばっていたのです。このようなこともあるので、協力者は身内なら誰でも良いというわけではないのです。当然この問題に理解のある人に頼まなければならないのです。

この惨憺たる結果には、小岩牧師も頭を抱えました。これ以上動くとますます事態が悪くなりそうなので、しばらくは静かにし、今回の失敗を時が風化してくれるのを待つことにしました。

一九九六年二月一八日、佐藤家に兄の訪問がありました。連休に相談したという兄妹姉妹の話し合いの結果を伝えるためでした。その話を佐藤さんもご主人と一緒に聞きました。それによれば、相談の結果は次の通りです。

① 佐藤さんは若い時から宗教が好きだった。信仰は佐藤さんの趣味のようなものだから、そっとしておいてあげたい。

② 佐藤さんが統一協会信者であろうとキリスト教徒であろうと、実家の人々にとっては関係ない。

③ ただし、統一協会の霊感商法は心配なので、経済的流出が生じないように、家計の管理は佐藤さんのご主人がすることが望ましい。

佐藤さんのご主人はこの時すでに生活費の管理は佐藤さんの手から取り上げていたのですが、使用済みの預金通帳を含めて、一切を二人の前で見せるようにと佐藤さんに命令しました。佐藤さんはとっさの機転で、二冊の通帳をポケットに隠しました。その二冊とは、一九九一年に佐藤さんがビデオセンターのコースを終了した直後に脅迫されて多額の献金をした折に、それを解約して献金をしてしまった使用済み通帳でした。佐藤さんはその後五年間は、この通帳も他の物と一緒に保存しておいたのですが、この時献金の発覚を恐れて、処分してしまったのです。佐藤さんは二人の目を盗んでその通帳をポケットに入れ、洗面所に駆け込んで細かく切り刻み、水洗で流したそうです。

実はこのことを私に聞かせてくれたのは、この時からおよそ一〇カ月後に、統一協会の欺瞞に気づいて脱会を決意した後のことでした。上質紙で硬く作られている銀行の通帳を、指先でどれほど小さく切ったとしても、それを水洗便所で流すことなど普通ならできるものではありません。この行為が自分の悪事を隠すための佐藤さんのとっさの機転から起こったことなのか、あるいは、いざという時のために、統一協会によってかねがね指導されていたものなのか、そのことについて、私は聞きただす勇気がありませんでした。いずれにしても、統一協会は自分たちの悪事の証拠隠滅のために、知恵に知恵を重ねて巧妙な手口を使うので、その実態をつかむことはたいへん難しいのです。

この通帳破棄を手がかりに統一協会信仰の複雑さの一面を見ることができます。恐喝としか言いようのないこの献金問題の本当の加害者は、統一協会であり、被害者は佐藤さんのご主人と佐藤さん自身ですけれども、統一協会自体は陰に隠れていてつかみどころがないので、佐藤さんのご主人にとっては目の前にいる佐藤さんが加害者に見えてしまうのです。

実のところ一九九一年に統一協会の霊能者や幹部に囲まれて多額の献金を強要された時、佐藤さんは、それに応じたら家族の生活が成り立たなくなることを心配して、長時間かけて抵抗しました。ほとんど命がけと言っても過言ではないほどの抵抗の果てに、とうとう力尽きてそれに応じたのですから、この時の佐藤さんは家族思いの真面目な主婦であり、正真正銘の被害者でした。ところがこの献金が足かせとなって、佐藤さんが次第に統一協会に深入りする結果になりました。そして五年間かけて、したたかな統一協会信者に仕上げられ、統一協会の立場から佐藤さんのご主人の目を盗んで通帳を破棄したのです。この時の佐藤さんは、追い詰められた犯罪者のように、現金の証拠を隠滅しているのですから、佐藤さんのご主人にとっては加害者です。

通常の恐喝事件であれば、被害者はあくまでも被害者であり、加害者は加害者に決まりきっていますが、統一協会の事件では、一つの事件の中で、同一人物がある時は被害者であり、ある時は加害者になる点が複雑です。ただしこのようにしたたかな行動をとることができるのは通常の佐藤さんではなくて、カルトの佐藤さんです。カルトの佐藤さんはここで自分の行為が暴かれたらせっかくここまで積み上げてきた努力（これを統一協会用語で蕩減条件を積むといいます）が一瞬にして水の泡になってしまうから、ここは何としてもうまく切り抜けなければならないと思ったのです。カルトの佐藤さんにとっては佐藤さんのご主人といえどもサタン側の人なので、今はわかってもらえないけれど、自分が責任分担を果たしていることは万物復帰（人間の罪のために乱れた万物の秩序を、神のもとに復帰すること）を達成するためなのであって、やがて理想世界が実現すれば、それは佐藤さんのご主人の幸せにもつながることだから、その時になれば佐藤さんのご主人にも感謝されると思ったのです。つまり、カルトの佐藤さんが佐藤さんのご主人を裏切ったのは、彼を救うためでもあったので、正しいことなのだというのが統一協会側の理論なのです。
この証拠隠滅のために、後日佐藤さん自身が困難な立場に立たされることになりました。すなわち、統一協会から脱会して統一協会を相手に損害賠償請求の民事訴訟を起こした時、当然この件についても被害届を出したのですが、通帳の再発行には手続き上たいへんな手間がかかりました。また佐藤さんのご主人としては屁理屈のような統一協会の教えに操られて自分を騙した佐藤さんを許して受け入れるために、随分長期間の心の葛藤を克服しなければなりませんでした。

それでも私の立場から言わせてもらえば、もしも佐藤さんのご主人が佐藤さんの統一協会信仰を知った後、事態を静観しながら統一協会への理解を深め、的確に佐藤さんを助け出す準備をしていたら、二人は互いに傷つけ合うこともなく問題はこれほどまでに複雑なものにはなっていなかったはずなのです。

拉致監禁

このころになると佐藤さんが私に話す話題は、もっぱら「反牧」と「拉致監禁」に集中するようになりました。拉致監禁ってどういうこと？　と私は恐る恐る聞いてみました。後日佐藤さんと統一協会の信憑性について集中的に検討する時のために、この問題を佐藤さんがどのように理解しているかをあらかじめ聞いておく必要があると思ったのです。

牧師崩れの脱会請負人が、統一協会の信者を強引に捕まえて、小部屋に押し込めて、手錠をかけ、時には猿轡まで噛ませて、拷問にかけ、強制的に統一協会から脱会させること、というのが佐藤さんの答えでした。これは協会長から聞かされたばかりではなく、実際にその現場から逃げてきた人を知っていると言う、仲間内の話もあるとのことでした。本当に？　と私は尋ねました。佐藤さんは悲しそうに頷きました。気をつけてね、と私は心の底から言いました。そんなことは絶対にさせたくない、と思いました。

それからしばらく経って、佐藤さんのご主人から折り入って相談したいことがあるとの電話がありました。そして翌日、夫と私は自宅に佐藤さんのご主人を迎えました。相談の内容は当然佐藤さんの統一協会の救出のことでした。佐藤さんのご主人としては共産党に全面委任する形で佐藤さんの統一協会問題を解決したい、とのことでした。げっそりとやつれた佐藤さんのご主人の顔に、苦悩の跡が刻まれていました。とうとう来るべき時が来たという感じで、私たちも顔色を変えました。決定権は佐藤さんのご主人にあるとしても、共産党に全面委任とは乱暴すぎます。私はすんでのところで息せききって異を唱えるところでした。その時、どうしましたか、と夫がゆったりとした声で尋ねました。あーそうだ、と私はまるで新発見でもしたかのように、気づきました。夫の専門はカウンセリングなのです。短い質問を積み重ねながら、夫は辛抱強く佐藤さんのご主人の話に耳を傾けました。そして佐藤さんの救出を共産党に全面委任するという結論に達するまでの、佐藤さんのご主人の意識の流れをしっかり聞くことができました。唯物主義者の発想からすれば、それも当然であろうと納得しないわけにはいきませんでした。佐藤さんのご主人としてはすでに万策尽きたという感じなのでした。それでも私は佐藤さんのことで心が疼きました。

夫は念のためにと言って、佐藤さんのご主人の目の前で、小岩牧師に電話をして、共産党に依頼する場合の留意点を訪ねました。共産党による救出とは統一協会からの脱会と経済的損害の回復までだと説明を受けました。他に何がありますか、と佐藤さんのご主人は言いました。それがすべてだと信じ込んでいる口ぶりでした。佐藤さんが統一協会に誘い込まれたことについては、それなりの必然性があったはずです。もちろん丘の上キリスト教会にも落ち度があったことは確かですが、それ以前からの佐藤さんの心の飢え渇きを、私は佐藤さんから聞かされています。そのことに対する理解がこの時の佐藤さんのご主人には完全に欠落していました。

佐藤さんを統一協会から救出するにあたって、どのような方法をとるかは佐藤さんのご主人の自由だとしても、佐藤さんとその家族全員の幸せのためにするのでなければ、意味がないのです。救出はあくまでも統一協会信仰によって歪められた佐藤さんの人格の回復を目指すべきです。抽象論ではないので、実績のある人に頼む必要があります。救出者がどのような手段で救出を実行するのか、その方法を事前によく聞かせてもらう必要があります。その上で、できればその人から救出された元統一協会員に最低三人は会って、経験談を聞かせてもらうことです。その際当事者が穏やかな表情で自分の経験を語れるようであったら、一応安心してその救出者に依頼してもよいだろう、というのが夫の意見でした。ゆめゆめ手荒なことはしないように、とも付け加えました。

たとえ偽物でも、救出以前の佐藤さんには心を寄せる対象があったのです。けれども、佐藤さんの心の拠り所を強引に奪い取って、その後何の手当てもしなかったら、佐藤さんの心に大きな空洞ができて廃人のようになることも起こりかねないのです。佐藤さんの人格の回復を最重要課題とするべきです。ではその線で、と双方が合意して、私たちは佐藤さんのご主人を見送りました。これで佐藤さんの救出は私たちの手から完全に離れてしまったのです。

それでも私は佐藤さんの様子を最後まで見届けたくて、毎週佐藤さん宅を訪問して琴の合奏をしたり、話を聞いたりしていました。

再び荻窪栄光教会へ

ある日のこと、予定より早く外出先から帰宅した佐藤さんは、玄関口で佐藤さんのご主人が一人の婦人と話しているところに出会ったそうです。佐藤さんは愛想よく家の中に招きましたが、その人はそそくさと帰って行きました。それは、共産党の某支部長夫人だったそうです。佐藤さんは大分以前に佐藤さんのご主人から紹介されて、この人と顔見知りだったそうです。来るべき時が来た、と佐藤さんは思ったそうです。

佐藤さんとご主人との関係はますます険悪なものになりました。このころになると、長男もかなり心配して、佐藤さんに離婚を勧めるようになっていました。僕が生活費は持つから、お父さんと離婚して僕と二人で小さなマンションで暮らそう、というのだそうです。この歳になって離婚をしたら後がたいへんだから、慎重にね、と私は言いました。統一協会側からもそのように言われている、と佐藤さんは言っていました。なんとか佐藤さんのご主人と理想の家庭を築けるようにと、一生懸命祈っているとのことでした。

佐藤さんが初めて統一協会問題を私に打ち明けてくれてから、一年が経過しました。佐藤さんのご主人が救出を共産党に依頼すると言い出して、手の打ちようがなく焦燥感が募るばかりの数週間でしたけれども、どういうわけか、佐藤さんのご主人がひょっこり荻窪栄光教会に戻ってきたのです。礼拝堂に入った時、夫は一瞬目を疑ったと言います。佐藤さんのご主人が、礼拝堂の後ろから三番目の席に座っていたからです。

どうも、と小声で言って、佐藤さんのご主人はぺこりと頭を下げました。思いがけなく最も簡単な挨拶を交わして、いつものように相談会に出席しました。佐藤さんのご主人が欠席された間に何があったか、なかったかについては、まったく分かりません。そっとしておいてあげようと決めて、一切尋ねなかったのです。なぜなら佐藤さんのご主人が荻窪栄光教会に戻ってきたということは、共産党による救出が実現しなかった証拠なのですから、それで十分だと私たちは判断しました。

このようにして拉致監禁の恐れはなくなりましたが、佐藤さんのご主人の手で救出のための協力者を募ることは相変わらず一向に進みませんでした。場合によっては私も、佐藤さん夫妻の話し合いに協力するために、マンションに泊まり込む必要が起きそうだと、夫と私は考え始めました。けれどもこれは他人が安請け合いをするようなことではありません。協力を申し出る前に佐藤さんの日常の生活ぶりを知る必要があります。そこで考えた末に、私は佐藤さんを自宅に招いて、泊まりがけで遊びに来るように誘いました。佐藤さんは大層喜んで、その招きに応じてくれました。私は佐藤さんと一緒に駅前の商店街でウインドウショッピングをしたり、一緒に菓子を作ったり、テレビを見たりなど、たあいないことをしながら、その実冷めた目で佐藤さんの生活ぶりを観察しました。そして佐藤さんが基本的には節度のある生活習慣の持ち主であることを確かめ、これなら何カ月かの共同生活を維持することもできるだろうとの見通しを立てました。

いざとなったら、佐藤さんの救出に私も加われば、あとは佐藤さんのご主人を中心として他に最低一人か二人の協力者が得られれば、なんとか実行に移せるのではないかと、密かに考えました。丘の上キリスト教会の婦人たちにも期待を寄せていました。けれどもこのことについては事前に佐藤さんのご主人に話しませんでした。すべては佐藤さんのご主人が決めるべきことだからです。

一方小岩牧師は佐藤さんのご主人が戻ってきたのをきっかけに、佐藤さんのご主人の為に相談を再開しました。この時も私が同行しました。今度はかつて娘を統一協会から助け出した経験のある父親も応援に参加して、自分の体験を話してくれました。その人は佐藤さんのご主人に向かって、あなたが変わらなければ奥さんを救うことはできませんよ、としきりに言いました。けれども佐藤さんのご主人は、その言葉を受け入れることができませんでした。家内が悪いことをしているのに、なぜ私が変われと言われなければならないのですか、と帰り道で私に向かって不満を訴えていました。佐藤さんのご主人はまたしても体の不調をきたして、秋の定期検診で胃潰瘍と診断されました。

佐藤さんとご主人との関係は、ますます険悪なものとなり、家の中は氷を張り詰めたようだと佐藤さんは言っていました。そしてこのころになると、佐藤さんの関心はもっぱら統一協会の理想の家庭へと移っていきました。ちょうどそのころ世界平和女性連合創立三周年記念大会が東京で開かれ、文鮮明の妻である韓鶴子が来日して、基調講演をすることが発表されました。アメリカのブッシュ大統領夫人も来賓としてこの大会に賛助講演をするとのことで、佐藤さんはとてもはりきっていました。私も誘われましたが断りました。大会の次の日、佐藤さんは文鮮明の妻である韓鶴子の基調講演の速記録を私にくれました。それを手がかりに、私は統一協会の教理について佐藤さんに質問するようになりました。これまでは一方的に聞き役に回っていた私は、これ以後意識的に質問するようになったのです。

基調講演によれば、地上地獄と化した現実を天国へ転換していくのが再臨のメシア（救い主）の使命です。再臨のメシアすなわち文鮮明とその妻韓鶴子はそれを達成することができると、韓鶴子は述べています。それはどうしてなの、と私はたずねました。佐藤さんは一生懸命に説明してくれました。慎重に耳を傾けながら、よく分からない、もっとわかりやすく、統一協会用語ではなく、普通の言葉で説明してください、と私は尋ね続けました。統一協会も聖書を基盤にしているのだから、聖書のどこを基準にして佐藤さんの説明が成り立っているのか、詳しく説明してもらいたい、と私は頼みました。そして別れ際に、私もあなたの今の説明を思い返してよく考えておくから、あなたの方でも、どのように説明したらこの鈍い私を分からせることができるか、よく考えておいてほしい、と頼むことにしました。

一度にたくさんのことを尋ねるのではなく、慎重に、慎重に、毎回別れ際に一個の質問を残すような形で質問を繰り返して、佐藤さんの心に疑問符を植え付けるように心がけました。ある時佐藤さんは、統一協会の仲間たちの間では当然と思っていることを、私に説明できないのがもどかしいと言っていました。

このようにして時をつなぎながら、私は佐藤さんのご主人の協力者探しの進展を待っていたのです。けれどもそれは、一向に進みませんでした。そうこうしているうちに、統一協会がブラジルにコロニーを建設するとの計画が発表され、壮年婦人の中にもそこに転出する人が出始めました。佐藤さんのご主人の準備が整わないうちに、佐藤さんがブラジル行きを考えるようになったらたいへんです。慎重に、慎重に、私は佐藤さんの心に疑問符を植え続けました。一方佐藤さんのご主人は、胃潰瘍が悪化して、胃に穴が開きそうだと言うようになりました。そしてある時佐藤さんのご主人からとうとう敗北宣言のような言葉を聞かされてしまいました。

もう精も根も尽きたから、これ以上どうにもならないとのことでした。体も痩せ細って、頬がげっそりとやつれていました。でも、この先どうなさるのですか、と私は尋ねました。家内を抱えてこのままずぶずぶと泥沼に沈み込んでいくより他にどうにもなりません、と佐藤さんのご主人は言いました。今更そんなことを言われても私だってどうにもなりません、と私は言いました。しっかりしてください、と頼む以外にはどうすることもできませんでした。もしもこの時佐藤さんのご主人が、佐藤さんを見捨てるとか離婚をするなどと言っていたら、おそらく私は憤慨のあまり勝手にしてくださいと言って、踵を返して立ち去ったことでしょう。私が最後まで佐藤さんを見捨てることができなかった理由は、正直のところ、いくら考えても未だによく分からないのですが、ただひとつだけはっきりと言えることは、これほど辛い日々を過ごしながら、佐藤さんのご主人が一度も佐藤さんを見捨てるとは言わなかったことです。

丘の上キリスト教会の会員として思いがけず佐藤さんから統一協会信仰を打ち明けられてから、すでに一年半経っていました。今ここで私が佐藤さんを見捨てたら、私はそのことで一生苦しまなければならないでしょう。それを思うと悲しくて情けなくて、どうして私がこんな目にあわなければならないのか、と考えました。このままでは私の生活も成り立たないところまで来ていました。

第四章　救出カウンセリング

スタートラインにたどり着くまで

一九九六年一〇月一四日のことでした。いつものように佐藤さん宅を訪れた私に、佐藤さんが思いがけないことを話しました。ねえ神保さん、変なのよ、と当惑しきった口ぶりでした。協会長がまた献金のことを持ちかけたのだけれど、それによれば、もうあなたたちにお金がないことは分かっているから、知り合いの人から借金をして捧げなさい。そのお金の返済ができないなどと心配する必要はないのです。なぜならお金を貸した人は知らずに天に宝を積んだことになるのだから、あなた方は感謝される時が来るのだから、と言われたとのことでした。

ねえ神保さん、これって何だか変じゃないかしら、といかにも自信なさそうに、佐藤さんは私の顔を覗き込みました。私は内心、今だ、と思いました。佐藤さんが協会長の言葉に疑問を感じて、それを私に話したことはこの時が初めてだったのです。この時こそ救出開始の絶好のチャンスだと思いました。

そこで佐藤さんのご主人に、佐藤さんの心に変化の兆しが見えたことを伝えました。協力者さえ得られれば、本当に佐藤さんを助け出したい、と今でも思っておられますか、と尋ねました。そうですね来年の春になれば積立貯金が満期になりますから、と佐藤さんのご主人が答えました。これでは本当にどうにもなりません。そこで私は夫に頼みました。佐藤さんを我が家にお泊めして、統一協会の問題点を一緒に検討したいから同意してくださいと。夫はあっけないほど簡単に同意してくれました。早速小岩牧師に相談しました。けれどもこれは、二つ返事でお許しが出たという訳ではありませんでした。

いくら神保宅に住処を移したとしても、佐藤さんが統一協会との間で従来通りの報・連・相を続けたのでは何もなりません。どうしても統一協会とのパイプを一旦は切らなければならないのです。それも、強制的にするのでは意味がありません。佐藤さん自身が、自分の生涯のために是非とも必要なことだから、この際敢えてそうしよう、と思うところまで、一気に決心を固めなければなりません。

夫と私だけで佐藤さんを預かるとなれば、鍵をかけて佐藤さんを家の中に閉じ込めておくことはできません。なぜなら、夫は急に大学を長期欠席することはできませんから、昼間は佐藤さんと私が二人だけになります。これらの事情を考えると、いくら頑張ったところで、佐藤さんが自分の意思でここに留まろうと思ってくれるのでなければ、逃げ出す隙はいくらでもあります。ここは一つ、佐藤さんと私との間で約束を交わして、どこまで信用し合えるかやってみるしかなかったのです。

二、三日して、小岩牧師からやってみましょう、との電話がありました。ただし、準備万端整えてからでなければ、佐藤さんのご主人に伝えない方が良いと言われました。事前に話せばすぐに佐藤さんに伝わるものと思わなければならないからです。

それからというもの、私は夢中で準備を始めました。事態がこじれて一カ月ほどまったく外出できない状態になっても三人の生活が継続できるように、せっせと買い物に励みました。目標が決まって気持ちが楽になったためか、これらの準備はいとも簡単にできました。準備の中でも一番慎重を期したのは、佐藤さんをいつどのように誘うかという手順を考えることでした。

一九九六年一〇月二九日（火曜日）一九時三〇分、細部の打ち合わせのために荻窪栄光教会に集まるようにと小岩牧師から電話がありました。その日夫は群馬県教育センターに招かれて講演に出かけることになっていました。講演が済み次第帰京して、遅刻しても駆けつけるからということで、私は一人で荻窪に行きました。場所は教会の一階ホールです。私がついた時すでに七、八人の教会員が集まっていました。元統一協会員で、荻窪栄光教会でかつて助け出された人たちだと紹介を受けました。小岩牧師を中心に、その人々が集まって佐藤さん救出のために一生懸命祈り、あれこれ知恵を出し合って、どのように誘ったら佐藤さんが不審を感じないで神保宅に来る気になれるかと考えてくれました。

私はこのような会合にこの時初めて出席したのです。その人々が顔を見たこともない佐藤さんの身になって、一生懸命あれこれと考えてくれる姿に涙が出そうになるほど感動しました。いろいろな発想が次から次へと出ては否定されて、なかなか妙案が浮かびませんでした。一時間ほど遅刻して夫が到着した時には、まだ何も話が進展していませんでした。

そろそろ疲れが出て誰も意見をいう人がいなくなりました。ある人が掲示板を眺めるともなく眺めていました。そこには一一月二三、二四日のバクストン聖会のポスターが貼ってありました。その人は自信なさそうに、あれ、もしかして、佐藤さんは一番初めは、聖公会で洗礼を受けたのですよね、と言いました。すると口々に、そうだ、それだ、と声が上がりました。私は何が何だかわかりませんでした。

つまりこうなのです、私が佐藤さんをバクストン聖会に誘うとします。佐藤さんは今統一協会の信仰が揺らいでいる反面ブラジル行きを志願しようかとも考えています。そういう時には誰しも、なぜ自分はこのようになってしまったのかと、かつての自分を懐かしみながら考えます。だから聖公会系のバクストンの聖会に誘えば、私の誘いに応じるだろうというのです。バクストン聖会は午後二時開演ですから、終われば夕方になります。感想などゆっくり話したいから神保宅に泊まってくださいと前もって誘えば、佐藤さんは喜んでその誘いに応じるはずだ、と言うのです。そうだ、そうだ、と全員の賛成を得て、この線で行くことになりました。

一九九六年一一月二四日決行。

二二日の午前中に佐藤さんに話すこと。

中一日置いたのは万一その日に佐藤さんと会えない事情があっても、翌日誘うことができるようにとの配慮からです。

佐藤さんの同意を得たら午後に佐藤さんのご主人に会って計画を打ち明け、同意してもらうこと。わずか二日なら佐藤さんのご主人も口を滑らせることもないでしょうから、ということで、この日に決めました。

全権大使は私です。佐藤さんのご主人に会って、本当に今でも事情が許せば佐藤さんを救出したいかどうかを確かめること。

そうだとしたら、神保が引き受けると言ったら全面的に任せる気があるかどうか確かめること。

それはもうお宅で引き受けてくだされば、と佐藤さんのご主人は目を丸くして言いました。ではそうしましょう、と私は事務的に言いました。いつからですかと佐藤さんのご主人。明後日ですと私。佐藤さんが私の家に泊まりがけで遊びにきます。そこで集中的に勉強をして統一協会が本当に頼れるところかどうか確かめようと勧めます、と私は言いました。あれが応じますか、と佐藤さんのご主人。もちろん、佐藤さんご自身が、ご自身の自由意思でお決めになることとです。私は強引に勧めたりはしません。応じなかったら一巻の終わりです、と私は言いました。

当日は約束の時間に駅で待ち合わせて、佐藤さんと私たち夫婦で連れ立って渋谷教会へ行きました。バクストン聖会は盛況でした。本田弘慈師の講演があったことの他には、私はこの時のことを何一つ覚えていません。とにかく佐藤さんの救出のことで頭がいっぱいだったのです。四時ごろ会が終わって自宅に帰り着いたのは六時少し前でした。無事に予定通りと言いたいところですが、一つだけ私が予定外のことをしてしまいました。自宅近くの駅に着いた時です。文鮮明の長男が妊娠中の奥さんに暴力をふるって、アメリカの警察に逮捕されたことを知っているか、と佐藤さんに言ってしまったのです。本当？　と言って佐藤さんは思わず立ち止まりました。みるみる顔が青ざめました。私はしまったと思いました。文鮮明を誹謗したと佐藤さんが怒って帰ってしまったらどうしよう、と思ったのです。

神保さん、それどうして知っているの？　と佐藤さんは震える声で尋ねました。長女がアメリカのテレビで見たって、と私は恐る恐る答えました。後で分かったことですが、このハプニングがあって、この後のすべてのことが計画通りに進んだのです。佐藤さんは、文鮮明の説く理想の家庭に、この上ない期待を寄せていました。そして文鮮明の一族郎党が全員円満で素晴らしい家庭を築いていると、統一協会の内部で教えられた通りに信じて憧れていました。彼らは外部の情報を遮断されていますから、統一協会が発信する情報を幼児のように全面的に信じることができるのです。佐藤さんは真のお父様なる文鮮明にすがっていれば、やがて自分も理想の家庭を与えられると期待していました。万一それが嘘だとすれば、自分の信仰が総崩れになってしまうと思ったとのことです。そして長女がそのテレビを見たという私の言葉が決定打となりました。当時私の長女はある報道機関でバイリンガルの番組の制作にあたっていました。その長女がアメリカで起きた文鮮明の息子の暴行事件をテレビで見たと言うからには、これは本当に違いない、と思ったとのことでした。

佐藤さんは浮かない顔で自宅までついてきました。夕食が済んでからいよいよ私が説得を始める時になりました。このままではみんなで心配するばかりなので、統一協会が本当に頼れるところかどうか、いつか時を改めて一緒に勉強しましょう、と勧めました。佐藤さんは黙って考えていました。ちょうどその時、電話が鳴りました。夕刻七時、最寄りの駅で待機していた小岩牧師からの予定通りの電話でした。夫が電話口でどうぞ、どうぞ、すぐにお迎えに伺います、と言いました。急にお客さんが見えるけれど、自分の書斎で対応するからご遠慮なく、と佐藤さんに向かって夫は言いました。そして私には小岩先生、とだけ言って、出かけて行きました。佐藤さんと私は二人だけになりました。

自宅から最寄りの駅までは車で往復約一八分です。私は夫が出かけてから一五分間辛抱強く待ちました。そしておもむろに佐藤さんに話し始めました。本当に不思議なことなんだけど、これからおいでになる方は統一協会についてとても詳しい方なの。お願いすれば話してくださると思うから、よかったら一緒にお話を聞きましょうよ、と勧めました。佐藤さんは何も言わずにうつむいていました。後で聞くところによると、この時佐藤さんは、仕掛けられた、と思ったそうです。けれども、つい先ほど聞いたばかりの文鮮明の息子の暴力沙汰が気になって、身動きができなかったそうです。一方私はここで佐藤さんに拒否されたら、今までの努力が水の泡になるので、気が気ではありませんでした。私たちは二人ともまったく別の意味で震えながら小岩牧師の到着を待ちました。わずか二、三分の間をあれほど待ち遠しく思ったことはありませんでした。

小岩牧師が我が家に到着すると同時に、佐藤さんが文鮮明のことを尋ねました。小岩牧師は統一協会員には隠されている文鮮明の実態を、ある時は写真を見せ、またある時は本を見せという感じで、ひとつ、ひとつ丁寧に実証しながら話し続けました。こうして話し続けること四時間、時刻は夜中の一一時半を回っていました。今日は近くのホテルに泊まって明日帰ることになっているから、もっと話を聞きたかったら、明朝八時半までにホテルに電話をするように、と言いおいて、小岩牧師は帰って行かれました。

そして次の朝、どうなさる、という私の問いに、佐藤さんはお聞きしたいと答えてくれました。小岩牧師はこの日も半日話し続けました。午後になって私は、佐藤さんに勧めました。この際徹底的に勉強して、もし統一協会が正しいことが分かったら、私もあなたに加勢をしてご主人にあなたの統一協会信仰を認めていただくように頼んであげるから、一緒に小岩牧師の講義を聴きましょうよ、と。一年半前に車の中で佐藤さんから初めて統一協会の信仰を打ち明けられた時の衝撃がありありと心に蘇りました。

家なら遠慮はいらないから何日でも泊まっていただいて結構です、と付け加えました。それなら佐藤さんは、そうしたいけれど、主人が……と言って、その先を言いよどみました。それならご主人にここへ来ていただきましょう、ということで、私は電話をかけました。この時佐藤さんのご主人は、自宅の電話口で待ち構えていたのです。早速駆けつけてきた佐藤さんのご主人に、佐藤さんは自分の口で、私が勧めたことを話しました。また、さらに進んで、あなたに迷惑をかけるけど私は神保さんと一緒に勉強したいから了承してください、と佐藤さんははっきりとした口調で言いました。いつまで？　という佐藤さんのご主人の問いに、分かるまで、と佐藤さんは言いました。実のところ、この時点では佐藤さんは二、三日もしたら帰れるだろうと思っていたそうです。そして結果的にはこの日から二カ月半神保宅に滞在することになったのです。途中で決心が揺らいで逃げてでも家に帰りたいと思ったことは再三あったそうです。けれども、自分の口で分かるまで帰らない、と言ってしまったからには、途中で帰っても家の中に居場所がないと思ったのだそうです。

救出カウンセリング開始

統一協会が本当に信頼できる団体であるかどうかを確かめるために集中的に勉強したいから、神保宅への滞在を許してほしい、との佐藤さんの頼みを、もちろん、佐藤さんのご主人は快く受け入れました。佐藤さんが自分のペースで静かに勉強できるように、我が家ではあらかじめ小さな洋間を佐藤さんの個室に当てるつもりでいました。ところが佐藤さんの希望で、佐藤さんと私は和室に布団を並べて寝ることになりました。佐藤さんは例によってとても物静かで寝つきも良く、とりわけ難しいことは何一つ起こらずに、最初の晩が過ぎました。一九九六年一一月二五日のことでした。

これは私たちにとって大層ありがたいことでした。なぜなら、私たちの場合協力者が皆無だったので、最初から佐藤さんに抵抗されたらとても救出はできなかったでしょう。実は当初期待していた丘の上キリスト教会の婦人たちが、それぞれやむを得ない事情で、いざ本番という二、三日前になって、急に全員が協力を辞退したのです。

さて、佐藤さんはご主人の賛成を得ることができましたが、他に佐藤さんの長女と長男にも納得してもらう必要がありました。一夜明けて翌二六日の朝、佐藤さんと私は佐藤さんの自宅へ身の回りの物を取りに行きました。これは予定外の行動でしたが、佐藤さんが非常に落ち着いていたので、それなら佐藤さんにとって日頃から使い慣れているものを使って生活する方が、私からの借り物に頼るよりは落ち着けるだろう、と判断したのです。

ごく短時間にせよ一旦帰宅したことで、佐藤さん夫妻は当座の生活のやりくりについて、話し合うこともできました。その意味でも当日の帰宅は有効でした。

私達は佐藤さん宅を出ると、そこから直接佐藤さんの長女の家へ車を走らせました。長女は一九九二年に結婚して、この時は二児の母親として子育ての真っ最中でした。そこで佐藤さんは日頃から度々長女のところへ泊まりがけで手伝いに行っていました。佐藤さんは昨夜からの成り行きを詳しく語り、当分は手助けをしてあげられなくなるけれど、了承してほしい、と伝えました。もちろんこの時期の子育てのたいへんさは、佐藤さんも私も経験済みですから、どうしても手助けが必要な時には、佐藤さんだけではなく私も一緒に来ることを了承してもらいました。

ああ、よかった、というのが、佐藤さんの長女の最初の言葉でした。この時の訪問のためには、話したいことがあるからお宅に行くと、前の日に佐藤さんから電話をしておきました。統一協会問題を巡って佐藤さん夫妻の間に激しい確執があった矢先ですから、とうとう両親が離婚を決意したのかと心配していた、ということです。

その点については一応安心したものの、次に長女は佐藤さんに向かって、あ、お母さん反牧？　と、尋ねました。大丈夫。とても物静かな牧師先生で、統一協会のことを詳しくご存じの方だから、と佐藤さんは答えました。ここでいう反牧とは、反対牧師のことで、統一協会の活動に反対して、手荒な方法で信者に脱会を迫るキリスト教の牧師がいると、統一協会が信者に教える動きのことです。

このことについては、佐藤さんにも強い警戒心がありましたが、まさか他人が寝食を共にしてこの問題の解決を図るとはまったく思いつかなかった、と佐藤さんは後日語ってくれました。またこの問題に関して統一協会が印象付けていたものと、神保宅の実態との間に、あまりにも大きな隔たりがあったので、佐藤さんが最終的に統一協会の信仰をここで捨てることになるとはまったく思いつかなかったそうです。集中して勉強するようにと進める前に、まず佐藤さんが小岩牧師に会うようにことを運んだことは、正解でした。統一協会が反対牧師対策の中で信者たちに印象づける「牧師崩れの脱会請負人」といういかつい人物のイメージは、佐藤さんにとっては、小岩牧師の風貌とはまったく別人の感があったそうです。

またこれも後になって聞かされたことですが、長女は結婚前に佐藤さんに連れられて統一協会に行ったことがあるそうです。その時協会長は、長女に向かって現在の夫との間ですでに成立していた婚約を解消して、統一協会の合同婚に参加するようにと迫ったそうです。長女は協会長の勧めを激しく拒絶して、泣きながら逃げて帰ってきたという恐ろしい経験を持っていました。そこで、佐藤さんの信仰の自由は認めたいと思う反面、統一協会の教えそのものには不安を持っていたことが明らかになりました。このような事情もあって、先ほどの長女のああ、よかった、という言葉には、私が感じ取ったよりはるかに複雑な思いが込められていたのです。

けれども、ここまで順調に事が進むと、佐藤さんとしては却って複雑な心境になりました。つまり、自分は家族の中でいてもいなくても大して変わりのない存在なのか、との不安でした。その思いが高じて佐藤さんは長男への執着をはっきりと感じました。彼には同じ日の夕方、会社の帰りに神保宅に立ち寄ってもらうことにしてありましたので、佐藤さんと私は、彼の好物をあれこれと料理して夕食を共にするために彼の来宅を待ちました。

今になって振り返ってみると、その日は朝から動きづめだったはずなのに、まるで時が平素よりゆっくりと流れているような感じで、するべきことを全部こなしても、なお時間に余裕がありました。夕食の支度をし終えた後、長男の来宅を待ちながら、私たちはこれから始まる日常生活の基本的なルールについて話し合いました。他人同士が狭い空間で快適に生活するために、単なる思いやりや譲り合いだけではなく、約束を取り交わしておくことも必要であろうと、夫と私は前もって話し合っていたのです。

一つ、この家の主婦は私なので、日常生活の細部に至るまでの判断や取り決めは、基本的には私の仕事とすること。このことをもう少し具体的に言うと、玄関でチャイムが鳴った時や電話のベルが鳴った時、それにまず応答するのは私の仕事であること。

二つ、家事は私がするから、佐藤さんは時間を有効に使って勉強に専念すること。

三つ、遠慮や思いやりには限度があるから、要求はできる限りはっきりと言葉で伝えること。例えば辞書や参考文献や電話などを使いたい時には一言断ってからすること。

　実はこれらの取り決めをするにあたって、夫と私の主眼とするところは佐藤さんの統一協会への「報・連・相」を遮断することでした。カルトの佐藤さんは「報・連・相」を通じてマインドコントロールされているので、電話連絡を絶ち切らなければ佐藤さんの本来の人格の回復を図ることはできません。これはちょうどアルコール中毒患者の治療にあたって、まずアルコールを断つことが必要なのと同じです。ところが、佐藤さん自身は自分がマインドコントロールされているとはゆめゆめ思っていないので、本人に不快感を与えないように、しかも当方の蔭の事情を感じ取られないように、工夫を凝らしてこのように伝えたのです。

　とはいうものの、実際問題として、この程度の約束が難なく守られるくらいなら苦労はないと、家族を救出した経験者の多くは感じることでしょう。ところが私たちの場合は、仮に佐藤さんと、私の夫・神保信一と、私の三人の信頼関係だけが頼みの綱であって、仮に佐藤さんが暴走したとしても、他には何一つそれを防ぐ手段はないのです。そこで実際に共同生活が始まる一日目に、このような取り決めをしたことは正解でした。佐藤さんは一つの例外を除けば、かなり几帳面にこの約束を守ってくれましたし、万一それを忘れて行動した時にも、私が「約束だから」と一言いえば、すぐにそれを理解して反省してくれるのでした。

それでもこの約束を守ることは、佐藤さんにとっても私にとっても、それほどたやすいものではありませんでした。前述のように約束を取り交わして、ものの三〇分と経たないうちに、もう佐藤さんはそのことをすっかり忘れて、玄関に飛び出しました。それは六時に来宅するという佐藤さんの長男との約束のために、チャイムが鳴るのを待っていた時のことでした。五分前にチャイムが鳴って、佐藤さんは、息子だわ、というなり玄関へ飛び出したのです。私は、はっとして後を追いました。ところがドアの向こうに立っていたのは、宅配便の配達員でした。その男性とのビジネスが済んでから、私はできる限り静かに、言葉を選びながら、しかも断固として、自分の思いを伝えました。私たちにとって佐藤さんは、お預かりしている大切なお客様であること。この家にいる間に佐藤さんにもしものことがあったら、私たちとしては償うすべがないこと。佐藤さんの信仰を確認するためにこの家にいていただくということは、夫と私にとっても、自分たちの信仰を確認する大切な機会であること、などなどです。わかったわ、ごめんなさい。私が迂闊だったわ、と佐藤さんは静かに頷いてくれました。思いがけない出来事ではありましたが、二人で約束を交わした直後に、佐藤さんが図らずもそれを破ったことによって、私たちの約束事は一層明確なものになりました。

約束の時間を少し遅れてやってきた佐藤さんの長男にも、佐藤さんは前の二人の時と同じように自分で説明して、少しの間家を空けるから了承してほしいと頼みました。長男はいとも簡単に考えている様子で、お母さんがそうしたいならそうすればいい、という程度の返事が返ってきました。そこで夫と私も話に加わって、これまでの経緯や、統一協会がらみの佐藤さん夫婦の心理的葛藤などを語り、どうしてこの家に泊まって勉強する必要があるのかを説明しました。最終的に統一協会との関係を持ち続けるか、あるいはそこから離れることになるかは、あくまでも佐藤さんの自由意志に委ねられていると聞いて、長男は少し安心したようです。

それで、もしお母さんが最終的に統一協会を選んだとしても、お父さんはもうそれ以上は反対しないという保証があるの、と長男は念を押しました。その点については昨夜のうちに確認済みだと聞かされて、佐藤さんの長男は、それならばゆっくり勉強したらいい、と今度は本気で賛成してくれました。

勉強会開始

一九九六年一一月二七日、いよいよこの日から小岩牧師との勉強が始まりました。小岩牧師は、開口一番、「早く」という言葉は禁句であると言われました。それはなぜかと言えば、統一協会信仰をやめさせたい人は、一日も早く信仰を捨てさせたいと思い、当人は、早く自由の身になりたいと思い、統一協会側は、本人が連絡を断ったことがわかると、早く戻って来れば良いと思うからだと言われました。このように三者三様の早くという思いに駆り立てられると、せっかくの勉強が上滑りしてしまうので、要注意だとのことでした。この際じっくりと腰を落ち着けて、納得が行くまで食い下がることが必要だ、とのことでした。

統一協会では、情報を自分の頭で吟味したり思い悩んだりすることが、人間の罪だと教えています。そこで、この教えを植えつけられた信者たちは、結論を先送りして中間地帯に止まることができなくなります。納得のいかない情報を与えられると、この情報は悪魔側のものか、神側のものかという統一原理特有の二者択一的思考で片付けてしまうのです。もちろん、神側というのは統一協会側という意味であって、それ以外のこの世のすべてのものは、神の意向に背く悪魔側のものであるとして退けるのです。そのようにして、自分の頭で自分らしく考えることができなくなって、統一協会の命じるままに、どんな無軌道なことでもしてのける人間になってしまうのです。これが統一協会の恐ろしさだと小岩牧師は言われました。

そこで具体的には、一日に二、三時間小岩牧師が講義をなさるので、その後、最低二、三時間は復習して、納得できないこと、分からないこと、統一協会の教えの方が正しいと思われることなどを、ノートに書き出して、翌日の勉強に備えるように、と勧められました。

まずこれが、一一月二七日から始まった小岩牧師との勉強の基本方針です。私は小岩牧師の講義の内容についてはここで触れるつもりはありません。私の任務は、側面から佐藤さんを観察し、それを小岩牧師に的確に伝えて、佐藤さんの勉強が効率良く進むように配慮することだと考えています。

信者本人の心の変化

このようにして勉強が始まりましたが、私にとっては佐藤さんと小岩牧師の勉強会に付き合うことは、まるで我慢会に出席させられたようなものでした。なぜなら、小岩牧師の説明を聞きながら、佐藤さんは、そうですね、そうですね、と素直に頷くばかりなのです。つい二、三日前まで私に向かって、原理（統一協会の教理）はあらゆる宗教の上を行く真理なのだと語っていたことなどまったく忘れたように、小岩牧師の説明に穏やかな表情で頷くのです。傍で私がその様子を見ていることなど眼中にないという感じです。

統一協会の反対牧師対策の一つに、「偽装脱会」という手段があることは、私も知っていました。すなわち、救出者の説明を素直に聞くふりをして周囲の者を油断させ、隙を見てその環境から脱却するのです。けれども私の見る限りでは、佐藤さんの態度は偽装脱会を狙っているようには見えませんでした。佐藤さんは、主体性を完全に失った人間のように、というよりは、人間の形をした吸い取り紙のように、誰のどのような言葉も無差別に聞いて、それを吸収はするけれど絶対に消化はしない、という風なのです。このようなことをいくら長く続けても佐藤さんの心に変化が起こるはずがない、と私は次第に焦りを感じました。

三日ほど我慢をした後、私は佐藤さんのそのような態度を指摘しました。佐藤さんに、もっと主体性をもって勉強に取り組むべきだ、と伝えたのです。佐藤さんを統一協会から強引に引き離そうとは誰も思っていないから、安心してもらいたいこと。小岩牧師が何を言おうと、佐藤さんは自分の信念に基づいて反論すべきであることなどを勧めたのです。すると佐藤さんは、昼寝の床から急に呼び覚まされた子どものように、潤んだ瞳を不安そうに動かしながら、私、何か変なことをしていますか、と尋ねるのでした。この時の佐藤さんには、一種異様な雰囲気が漂っていました。

後になって本人が語るところによれば、自分が何を始めたのかを理解できたのは、神保宅に泊まり始めてしばらく経ってからのことだったそうです。ここに居続けたら自分の心の中のものが何もかもあぶり出されるような気がして、言いようのない恐怖を感じたとのことでした。そうして逃げたいと本気で思いました。けれども、はっきり分かるまでは帰らないと自分の口でご主人に伝えてしまった以上は、途中で逃げて帰っても家の中に居場所がない、と思ったとのことです。

それからというもの佐藤さんは怖くて、怖くて、自分の体が宙に浮いているようだったと言っていました。何が怖かったのかといえば、第一に、神が怖かったのです。佐藤さんは神の絶対的な力に歯向かうようなことはできないと分かっていました。だから、勉強を続ければ聖書の神か、統一原理の神か、どちらか本当に正しい方に行きつくはずであると思いました。しかし、万一間違って統一協会を否定したら、自分はその神に打たれるに違いない、と恐れていたのです。万一そのようなことになれば、身の破滅や一族の地獄行きだけではなく、世界が破滅することになるので、恐ろしくてたまらなかったのです。

第二に佐藤さんは自分自身が怖かったのです。配置薬の女性販売員に巧妙な手口で誘われて統一協会との関係ができてしまってからの五年間は、自我を押し殺し続けた日々でした。カルトの人格になり切っている時には何の矛盾も感じませんでしたが、時おり本来の自我が目覚めると、自分のしていることが恐ろしくて、そういう自分を無視するために、躍起になって「真のお父様」なる文鮮明の意向に沿おうとしていたのです。現に佐藤さんは私に初めて信仰を打ち明けてくれた時も、初めから統一協会だと分かっていたら絶対に入らなかったと言っていました。

第三に佐藤さんは、ご主人と統一協会の両方が怖かったのです。佐藤さんは統一協会に関わってからわずか六カ月後に脅迫を受けて、してはならないことをしていました。万一そのことが佐藤さんのご主人に知られたら、ただでは済まされないと佐藤さんは怯えていたのです。ではそのような集団から密かに身を引いたとすると、今度は統一協会側からどんな攻撃を受けても不思議ではないと怯えていました。このようなわけで、このころの佐藤さんは、まるで夢遊病者のようにフワフワと漂っていたのであって、小岩牧師の講義に反論するだけの力はまったくなかったというのが実情だったのです。

　佐藤さんは夜も次第に寝つきが悪くなりなりました。まるで幼児を寝かせるように、私は佐藤さんが寝付くまで枕元に座って佐藤さんの手を握っていたり、あるいは軽く背中を叩いたりしたこともしばしばありました。けれども私は次第に疲れを感じて、実のところ佐藤さんに対して批判的になってゆきました。一一月三〇日の私の日記には次のような一文が書き留められています。これは夜中に目が冴えて眠れなくなった私が、寝室から抜け出して小岩牧師に宛てて書いたものです。

「(前略)、私は、佐藤さんの現実に対して批判的になりすぎていることに、やっと気がつき始めました。彼女の変化の過程を静かに見守ることが私の役割であって批判的になりすぎてしまえば彼女は遅かれ早かれ神保宅にいづらくなってしまうでしょう。少しずつ佐藤さんの現実が見えてくるようになりましたので、丸ごと受容することは、私にとってそんなにたやすいことではありません。それでも彼女をあるがままに受け入れるべきなのだと、今になってようやく気がつきました。(以下略)」

　普通の救出であれば協力者が何人もいるので、その中の一人が外出して外から電話連絡で本人の様子を救出者に報告しますけれども、私たちの場合はそのような人的余裕がなかったので、小岩牧師との連絡は、すべてFAXで行っていました。そのほとんどは佐藤さんの様子を具体的に記したものとなりましたが、時折は前記のように、私自身の心境を記しました。それはある時は愚痴であったり、またある時は自己確認のための独り言であったりするのですが、それを文章化することで、かろうじて自分を整えていたことも確かです。幸いなことに、この時の独り言は、結果的に佐藤さんと私の危機を救うことになりました。

翌一二月一日の午前中、佐藤さんは小岩牧師から宿題として与えられた『異端からの回心』（クリスチャン新聞編『統一協会異端からの回心』いのちのことば社一九九〇年）という本を読んでいましたが、いきなりそれを床に投げつけて、ワーッと激しく泣き出したのです。そこには統一協会の内部では伏せられていた統一協会の一面が記されていました。佐藤さんは統一協会が信者たちに説いている世界平和や家庭平和、あるいは地上天国の完成などの教えに多大の信頼と期待を寄せていたのに、実際の統一協会は空気銃を製造して密輸出していたと、ある統一協会脱会者の証言がその本の中に記されていました。

とんでもないものを信じてしまったと叫んで、佐藤さんは握りこぶしで床を激しく叩きながら、のたうち回って泣き叫びました。私は力の限りに佐藤さんを抱きかかえて、本人が落ち着くのを待ちました。やがて泣き疲れると今度は放心状態になって、佐藤さんはどこを見ているともなくぼんやりと目を見開いていました。その様子は生きた人間というよりは、魂の抜け殻のようで不気味でした。およそ一年前に佐藤さんのご主人が怯えて我が家に逃げてきたことを、私はその時思い出しました。あの時は無理矢理佐藤さんの統一協会信仰を白状させた直後だったのですが、佐藤さんのご主人が見た佐藤さんの様子は、これと同じものだったのではないかと直感しました。私は大急ぎで和室に布団を敷き、佐藤さんを寝かせました。もし前の晩の自己認識がなかったら、あれほどひどく荒れた佐藤さんを丸ごと抱え込むことはできなかったでしょうと思います。

後日この話を聞いた佐藤さんのご主人には、この時の佐藤さんの態度は不可解だったようです。俺があれほど反対しても頑として動じなかったのに、たかが空気銃の密輸ぐらいのことで……と、呟いていました。これまでの佐藤さんのご主人は、統一協会に対する自分自身の嫌悪感を、佐藤さんに投げつけることによって改宗を迫っていたのです。一方小岩牧師は自分で考えるようにと資料を提供しました。この二人の説明方法の違いは佐藤さんにとっては絶大なものだったのです。佐藤さんのご主人のような説得方法であれば、耳を塞ぎ、心を閉じていれば、嵐はやがて過ぎ去るのです。ところが手渡された情報は拒絶してもいつまでも目の前にあります。初めのうち佐藤さんは小岩牧師から与えられた情報をなかなか手に取ることができませんでした。私が頼んだわけでもないのに家事を手伝ってくれるのです。

いいから早く宿題を、と何度も促すのですが、落ち着いて座っていることもできない様子で、部屋の中をうろうろと歩き回ったり、立ち上がって窓の外を眺めたり、私にとっては本当にもどかしい限りでした。やがて佐藤さんは私の監視の目が怖かったためか、その本を読み始めました。すると今度は頭が内容を理解することを拒絶するのです。

目が文字を追っているだけで、何にも通じないと佐藤さんは話してくれました。それでも無意識の世界に着実に変化が起こっていたのです。与えられた本は全体で八〇ページの小冊子なのですが、四八ページまで読み進んだところから文字が佐藤さんの心に著者の意図を伝達するという本来の機能を果たし始めました。そしてとうとう空気銃の密輪という事実が佐藤さんの心にはっきりと像を結ぶようになったのです。

統一協会は大それた悪事をたくさん行っていますから、空気銃の密輪は佐藤さんのご主人の観点からすれば、確かに些細なことかもしれません。けれども佐藤さんにとっては、入信以来五年間も封じ込められていた情報を次々に与えられ、それらを拒絶しきれなくなった時に目に入った重大な情報だったのです。つまり空気銃の密輪が単独で佐藤さんの意識に上ったのではなく、情報の洪水の中で空気銃の密輪という一撃を受けて、佐藤さんの心の堤防が決壊したのです。佐藤さんにとっては完全無欠だと信じていた統一協会に裏があったということが大打撃だったのです。

退行現象

とんでもないものを信じてしまったと泣いた後、佐藤さんに退行現象が見られるようになりました。俗に言う「幼児返り」です。佐藤さんの不安が前にも増して強くなり、家の中にいる時でも私の顔が見えない所に一人で座っていることさえできなくなりました。佐藤さんは私のスカートの裾を掴んで、私の後をついて回るのです。そして私が洗面所に入ると、ドアの外で待ち構えているという始末で辟易しました。三歳児ならともかく、五〇代の婦人にこのようなことが起こるとは、私はまったく覚悟ができていませんでした。

そうこうしているうちに一二月九日になって、佐藤さんの長女から電話がありました。虫歯が痛むから歯医者に行きたいので、子どもたちを見てほしいと言うのです。佐藤さんと私が車で長女宅に向かう途中で、佐藤さんに妙な勘違いが起こりました。

私のピアノの先生のお宅はこの近くなの、と佐藤さんが言いました。その時私たちの車は、佐藤さんにとっては初めての道を走っていたのです。佐藤さんの生活圏はここから何キロも離れた別の所だと、いくら説明しても、一旦このような勘違いが始まると、佐藤さんはとても頑固で、なかなか自説を撤回しないのです。

このような現象を精神医学的にはデジャヴー（既視感）現象と言います。つまり、錯覚に陥る心理現象の一つですが、精神的にストレスを受けて退行現象が起き、初めての経験にも関わらず、いま自分のいる場所は昔いたことのある場所だと思ったり、今体験していることを以前体験したことがあると思い込む現象なのです。

佐藤さんが私たちの家で暮らすようになってから、この日は一五日目にあたります。佐藤さんの不安はますます高じてストレスが限界に達したのでしょう。ストレスは心に負担を与えますから、佐藤さんはほとんど無意識のうちにそれを回避しようとして、錯覚の中に逃げ込んだのです。ところが完全に錯覚に浸ることなど、妄想の世界に入る以外にはできるものではありません。万一本当に妄想の世界に入り込んでしまえば、狂気の域に一歩踏み込んだことになりますから、下手をすれば後戻りができなくなってしまいます。

もちろん、この佐藤さんの退行現象については、その日のうちに小岩牧師にFAXで連絡しました。次の日は一日休養するようにと、小岩牧師から折り返し連絡を受けました。このころになると私の方もストレスが溜まって、軽いノイローゼ気味になっていました。一休みしようと思って居間のソファーに腰をかけると、天井が頭の上に覆い被さってくるような感じがするのです。私は外に出て一人で自由に散歩をしたくてたまりませんでした。けれどもそれが無理なことはわかっています。それならせめて洒落た喫茶店で表を通る人の流れを眺めながら、コーヒーを飲みたいと思いました。もちろんこれも無理です。佐藤さんを一人だけで家に残して外出することはできません。では一緒に出かけたらどうでしょうか。佐藤さんは、初めのころでこそ、途中で逃げて帰っても家の中に居場所がないと考えるだけの判断力を持っていました。けれども、もうこのころには隙があれば後先を考えずに、いつ逃げても不思議ではない状態になっていました。だから一緒に喫茶店に行くことも難しいのです。そうは言っても、私の方もこれ以上我慢ができない状態でした。こんなことになると初めから分かっていたら、夫と二人だけで佐藤さんを預かろうとは絶対に考えなかったでしょうと思います。生来の無鉄砲が災いして、飛んで火に入る夏の虫になったのです。

被害者意識からの解放

とにかく何とかしなければ、この救出は私が原因となって空中分解してしまうでしょう。考えた末に、サウナに行くことにしました。なぜサウナかと言うと、そこなら途中で逃げたくなっても、衣服を着なければ逃げられません。そこで仮に佐藤さんがそのような行動に出たとしても、服を着ている間に説得して考え直してもらうことができるでしょうと思ったのです。

サウナに行きましょう、と私は誘いました。佐藤さんは驚いたようですが、快く応じてくれました。ところがサウナの中でさえ、佐藤さんは私の後をついて回るので、なんともかとも言いようのない思いでした。

でも、それから二時間ほどして帰宅した時、思いがけないことが起こりました。佐藤さんが晴れ晴れとした顔をして、神保さん本当にありがとう、と言うのです。こんなにゆったりと寛いだことは、結婚以来、初めてのような気がするとのことでした。佐藤さんの話によれば、これまでも度々家族で旅行をしたり、ドライブをすることはあったけれど、そのような場合でも、佐藤さんはいつも何くれとなく家族に気を使うばかりで、自分のためにゆったりと寛いだことは一度もなかったと言うのです。

考えてみると、私は傲慢だったのかもしれないわと、佐藤さんは言いました。なぜ？と私は尋ねました。佐藤さんはこれまではいつでも、私さえ我慢をすれば……、私さえ我慢をすれば……、と繰り返して自分に言い聞かせて、人々の一番下に潜り込んで、仕えたつもりでいたというのです。

けれども、せっかく遊びに行った時でさえ、家族の一人がそのような気分で楽しむことを拒否していたら、他の家族ものびのびと楽しむことはできなかったかもしれない、と気が付いたと言うのです。

家の中でも職場でも教会でも、いつも自分はそのように人に仕えたつもりでいたけれど、自分にも休養が必要であることにまったく気づいていなかったというのです。そしてとうとう自分の思い込みに自分自身が潰されて、とんでもないところに救いを求めてしまったのかもしれない、とも言いました。自分の体力にも、気力にも、忍耐心にも、限界があることを認めなかったわけだから、自分は傲慢だったことになるのではないだろうか、と佐藤さんは言いました。これまでの佐藤さんは、統一協会のことを語る場合にいつでも被害者の観点から語っていました。けれどもこの時を境に、佐藤さんの自己認識が変わりました。自分は間違っていた。夫や子どもたちのために申し訳ないことをしたと語りだしたのです。

佐藤さんのこのような変化は、佐藤さんを統一協会の束縛から解放したいと願っている者にとっては喜ばしいことですが、当の佐藤さん自身にとっては、とても重く苦しいことでした。佐藤さんは前にも増して寝つきが悪くなりました。私は毎晩佐藤さんの枕元に座って、佐藤さんが眠りにつくまで手を握っていました。そして佐藤さんが安らかな寝息を立てるのを聞いてから、隣に述べてある布団に静かに入ることにしていました。

このような状態が四日間続いた後の夜のことでした。一旦は眠りについた佐藤さんは、真夜中に目が冴えて眠れなくなったそうです。聞き耳を立てると、表通りを走る車の音が聞こえました。昼間はほとんど聞こえないそのかすかな音が、夜更けの静けさを一層深いものにしていました。佐藤さんは隣に眠っている私の様子を伺いました。安らかな寝息が規則正しく聞こえていたそうです。そっと抜け出してあの車に飛び込めば、今なら死ねる、と思ったそうです。静かに、静かに、暗闇の中で佐藤さんは手探りで衣服を着ました。そしてそっと立ち上がって、物音を立てないように、足を一歩踏み出そうとしました。その時、とてつもなく大きな力に、両足を同時にすくわれました。佐藤さんはなぎ倒されるように、もんどりうって布団の上に倒れました。その瞬間、自分がとんでもないことをしようとしていたことに気づきました。そんな死に方をしたら、神保に一番大きな迷惑をかけてしまう、と咄嗟に思ったそうです。自分はいつでも人に仕えていたつもりでいたが、本当は我が身可愛さから、勝手なことをしていたにすぎない。何と身勝手な人間なのだろうか、と佐藤さんは思ったそうです。今自分がしようとしていたことは、自分の命と、それを与えてくださった神様への冒涜だ、と佐藤さんは気づいたそうです。

「もし私たちが自分の罪を告白するなら、神は真実で正しい方ですから、その罪を赦し、私たちをすべての不義からきよめてくださいます」（ヨハネの手紙第一、一章九節）

長い間自分の心の奥底に押し込めていた、神の赦しと恩寵が、上記の聖句と共に、胸の中にゆっくりと広がってきたそうです。統一協会の教理には、悔い改めと赦しと恩寵の概念がないことに、佐藤さんはこの時になって初めて気づきました。そして、そのことがどれほど重大な問題であるか、よくわかったと言いました。

私はとんでもないことをしようとしていました。神様ごめんなさい、と繰り返しながら、佐藤さんは布団にうつ伏せになって明け方近くまで泣き続けたそうです。

その時私はどうしていたかといえば、何も知らずにぐっすりと眠っていたのです。

この話を佐藤さんから聞かされたのは、翌一二月一五日の午前中、夫を大学に送り出してからのことでした。

佐藤さんと一緒に生活するようになってから、私は緊張の連続のように感じていました。特に佐藤さんの寝つきが悪くなってからは、私も神経が張り詰めているように感じていました。佐藤さんは時おり眠りながら小さなうめき声を発することがありました。すると私は、神経をピンセットでつまみにあげられたような感じがして、怯えたように飛び起きるのでした。いつでもそのようにして、佐藤さんのどんな小さな変化をも見逃してはいないと思っていました。けれども、実際には、前の晩に確かに起こった佐藤さんの重大な心の変化を、私はまったく知らずに眠り込んでいたのです。

佐藤さんからこの話を聞かされた時、私は返答ができませんでした。恐れ、驚き、恥じらい、戸惑い、喜び、安堵、感謝、畏敬、その他諸々の言葉にならない感動が、静かに胸の奥に拡がってくるのを感じながら、下を向いていることしかできませんでした。佐藤さんが心の奥底から湧き上がってくる悔い改めの思いに包まれて涙に暮れていた時に目が覚めなかったことを、今では本当に良かったと思っています。もし目が覚めていたら、無神経にも余計なことを言って、私はきっと佐藤さんの悔い改めの涙を妨害してしまったかもしれないのです。

それにしても佐藤さんの両足をすくったあの大きな力とは一体何なのでしょうか。佐藤さんが倒れた時に大きな物音がしたはずなのに、私はどうして目が覚めなかったのでしょうか。私のような小さなものの知恵では到底説明のつかない何かが、確かに起こったのです。そしてその結果、佐藤さんの心にはっきりとした変化が起こったのです。少なくともそのことだけは佐藤さんと生活を共にしている私には明確な事実として分かるのでした。

佐藤さんに、このようなことが起こってから、小岩牧師は次の課題として自分史を書くようにと勧めました。佐藤さんにとってはこれからが正念場です。統一協会にいた時のことだけではなく、自分は何者か、どこから来て、どこに行こうとしているのか、今、どのような場に立っているのか、それらをよく自問するようにと求められました。とはいうものの、この時の佐藤さんにとって、中心的関心事はもちろん、統一協会問題です。この五年間の出来事が一つ一つ思い出されるようになってきました。しかもそれらは時の経過に沿って順序正しく思い出されるのではなく、執筆中に頭の中で何かが弾けるように、時にはパチンと音さえ聞こえて、思いがけないものが浮かび上がってくるのだと、私に話してくれました。それは佐藤さんにとって恐ろしい体験ではあるのですが、それでもこのころになると佐藤さんは次第に私から離れて、部屋にこもって机に向かうことができるようになってきました。

家族への思いやり

このころになると佐藤さんは、家族を恋しがるようになりました。そこで気晴らしのためにお孫さんと電話で話をするように、と勧めてみました。私は電話を自分で繋いでお孫さんに出てもらってから受話器を渡しました。佐藤さんはそのような私の猜疑心には頓着なく、お孫さんとの会話を楽しんでくれました。

そのことがあってから、家族にも何かしたいと言い出しました。佐藤さんのご主人はそばが好きなので作って届けたいと言います。結構なことだと小岩牧師からも言われました。折よく歳暮の時期で、知人から届けられた上等な信州そばがありました。それに佐藤さんのご主人の好物である天ぷらを作ろうということになり、翌日の昼食はこちらから届けるからと電話を入れておきました。穴子に、エビに、かき揚げに、などなどと佐藤さんは大喜びでご主人の好物をあげていました。

翌日は商店街が開くのを待ち構えるように買い物をして、私は大はりきりで調理しました。ところがあまり張り切りすぎて準備に手間取り、実際に佐藤さん宅に着いたのは約束の時間を三〇分も過ぎたころでした。天ぷらの品数がたくさんありすぎて、佐藤さんと私はそれを運ぶのに手一杯でしたから、車の運転は夫に頼んでいざ出発ということになりました。ちょうどクリスマスの二日後のことでした。イエス・キリストの誕生祝いに遅れて参上した三人の東方の博士のようだと冗談を言いながら、私たちは楽しい気分で出発しました。献上の品は黄金、乳香、没薬の代わりに、蕎麦と、つゆと、天ぷらでした。

ところが佐藤家に着いた時、事態は一変しました。ただいま、という佐藤さんの呼びかけに、返事がありません。佐藤さんに促されて私も茶の間までついて行きました。長男はすでに食事を始めていて、テーブルの上にはスーパーマーケットで買ってきたと思われるおかずが、プラスティックの容器のままで置かれてありました。佐藤さんのご主人は炬燵に座っていました。そして開口一番、今何時だと思っているんだ、と言われました。運悪く私は佐藤さんの陰になって佐藤さんのご主人からは死角になっていたようです。長年公務員として時間厳守を守ってきた佐藤さんのご主人には、三〇分の遅刻は許されないことだったようです。私はいたたまれなくなって、車の中で待っていると言い置いて立ち去ることにしました。

どれくらい待たされたでしょうか、やがて佐藤さんは泣きながら出てきました。こんなことになるとは思ってもいなかったと言います。統一協会のことを多くの人は馬鹿にするけれど、佐藤さんの家族より統一協会の人たちの方がはるかに情が深いと言って泣き続けます。私は佐藤さんがご主人の仕打ちに対して泣いているものと思い込んでいましたが、そうではありませんでした。長男の気持ちが佐藤さんから離れてしまったと言って泣いていたのです。こんなに一生懸命になって届けたのに、待っていてくれなかったと言って泣きじゃくるのです。

しかしこれは考えてみると本当に妙なことです。そばは夫への到来品で天ぷらは材料の買い出しから調理に至るまで私です。その上、車の運転は夫ですから、佐藤さんはただの発案者です。それなのにどうして佐藤さんが泣いて私たちがなだめなければならないのでしょうか。いい加減にしてもらいたい、と私は心の底から思いました。

けれども、後で聞くところによれば、ご長男はこの日、佐藤さんが昼食を届けることになっていたのを父親から聞かされていなかったとのことでした。これは今では笑い話になっていますが、その時は三人で意気消沈する出来事でした。

周囲の動き

佐藤さんが自分史を執筆している間に、外ではまた別の事柄が持ち上がっていました。佐藤さんの姉から、正月に恒例になっている親族の集まりについて、電話で佐藤家に問い合わせがあったそうです。すると佐藤さんのご主人が、家内はあるところに身柄を預けてあります、と答えてしまったのです。この話を電話で聞かされた時、私は返答に窮して絶句しました。佐藤さんのご主人は、さすがにまずかったかなと思ったようです。いや、ですから、監禁とは言わないで、身柄を預けてあると言いました、としきりに弁解していました。この際どちらでも同じです。佐藤さんが自宅を離れて特殊な状況下に置かれていることが、外部に知られてしまったのですから。佐藤さんの姉が心配して警察に届けてしまったらどうなるでしょうか。悪いことをしているわけではないから警察を恐れることはありませんが、思いがけない経路で佐藤さんの居所が統一協会に知られたら困る、と私たちは青くなって心配しました。

とにかく一刻も早くお姉さんに電話して、反応を確かめることです、と小岩牧師から言われました。ところが、あいにく彼女は不在でした。私たちは意を決して、佐藤さんの母親と二人の兄たちに実情を電話で伝えることにしました。はじめに佐藤さんが出て、次に私がこのようなことをしなければならなかった理由を伝えました。みんなは統一協会とキリスト教の区別もよく分かっておらず、佐藤さんの統一協会問題はすでに解決済みだと聞かされていたことが判明しました。それでも比較的理解が早く、冷静に話を聞いてもらえたので助かりました。

なるほどそうですか、統一協会っていうのはオウムのように恐ろしいところですね、というのが実家の長男の感想でした。電話の終わりには、身内にもできないことをしてもらって……と謝辞まで聞かされました。

では、このように常識的な人々が、一年前に話があった時に、佐藤さんの統一協会問題の解決のために、どうして協力しなかったのかといえば、日頃から佐藤さんと仲の良い姉が、佐藤さんをかばって、妹は統一協会に深入りしているわけではない、もうその問題は解決した、とすべてを丸く収めて、親戚の人たちを納得させていたからだということが分かりました。それから何日かして姉から佐藤さんのご主人に謝罪の電話があったことも知らされました。結局今回のことは実情が判明したという点で結果的には収穫だったと、その時点では解釈しました。

その他にもう一つ別の問題がありました。統一協会の信者仲間から佐藤さんの長女に電話があって、佐藤さんに電話をするように伝えてくださいとの伝言でした。お母さんは忙しいので、このところこちらにも来ていないのです、と長女はとっさの判断で答えてくれたそうです。長女は、お母さんが脱会するまでこれからしばらく嫌な思いをするね、と心配していましたが、その反面、お母さん、もう脱会できそうなの？　よかったね。たいへんな集団に紛れ込んでしまったね、と佐藤さんをいたわるように語りかけていました。幸いなことに統一協会からはその後何の働きかけもありませんでしたが、次に佐藤さんは、長男のことが心配になり始めました。

お母さんは必ず統一協会の正当性に確信を強めて帰ってくる、と信じているので、彼には佐藤さん自身の変化をどのように説明したら良いだろうか、と不安になるのでした。

自分史からの気づきとその後の動き

話を元に戻すと、佐藤さんの自分史には統一協会で体験した経済的被害についても当然触れなければなりません。初め佐藤さんは、被害は三〇〇〇万円程度だと言っていました。小岩牧師の経験によれば、それは次第に膨れ上がって、三倍から四倍あるいはそれ以上に達するだろうということでした。事実佐藤さんが自分史を書き上げたころには被害総額は一九〇〇〇万円を少々上回っていました。これらのことをすべて包み隠さず告白して、佐藤さんのご主人に赦しを請うのか。あるいは佐藤さんのご主人の性格その他諸般の事情を考慮して、ある程度のことは心の中に秘めておくのか。それも佐藤さん自身が決断することだと、小岩牧師は言われました。佐藤さんは全部白状して徹底的に謝罪したい、と言いました。佐藤さんがこのような考えを持つようになったのは、自分史を書き始めてから二週間ほど経過してからのことでした。

佐藤さんのこのような変化は結構なことだとしても、さあ今度は私たちが頭を抱えました。なぜなら佐藤さんのご主人が非常にのんきなのです。つい二、三日前に佐藤さんの様子を尋ねる電話がありましたので、順調に進展している、と答えたところ、それならあれほど心配することはなかったですね、と言われました。佐藤さんのご主人と佐藤さんとのこのギャップをどのように埋めることができるでしょうか。

今回の救出を、佐藤さんのご主人が主体となって行っていれば、彼は佐藤さんの変化を逐一傍で見ることができたはずです。もちろん、あやまちの事実が明らかになる度に、何回でも赦し続けることはたいへんなことではありますが、それと同時に、情状酌量の要因も見ることができたはずです。けれども、佐藤さんのご主人は現場をほとんど見ていないので、無防備に結果だけを突きつけたら、離婚や流血沙汰が起きても不思議ではありません。佐藤さんのご主人にどのように伝えたたら平穏に事態が収まるでしょうか。これが私たちの大問題になりました。佐藤さんが一生自宅に帰れなくなったらどうしよう、と言って夫と私は顔を見合わせました。

この問題に関しては、小岩牧師も頭を悩ませました。結局相談の上、佐藤さんの実家の人々の協力を求めることにしました。つまり佐藤さんのご主人にはあらかじめ少しずつ事実の一部を伝えて、心の準備を促した上で、最終的に佐藤さんがすべてを語って謝罪する。その時に実家の人々に同席願って、佐藤さんと一緒に頭を下げてもらおうと考えたのです。過日の電話の感触からして、何とか協力を得られるだろうと、私たちは考えました。

ところがこれは甘すぎました。二人の兄からも、姉からも、私たちの依頼は一言のもとに撥ねつけられました。佐藤さん夫妻が独力で解決するべき問題であるから、私たちも手を引くべきだと言われました。筋論からすればその通りです。けれども、概要を話してしまった以上は、ここで引くことはできませんでした。親戚の方々から佐藤さんのご主人に電話でもされれば、事態は一層こじれてしまいます。

私は意を尽くして粘りました。謝罪は無理だとしても、話だけは佐藤さんから直接聞いてもらいたい、と懇願し続けました。佐藤さんのご主人が事実を知って、万一激昂して離婚話を持ちかけられるようなことにでもなった場合、当然その渦の中に親戚の人も巻き込まれるでしょう。そうなってからでは、経緯を説明する時間的余裕さえなくなるので、今のうちに是非話だけでも聞いてもらいたかったのです。この電話のやり取りは、一二月二六日のことでした。佐藤さんの実家の人々と私の間で何度も何度も電話のやり取りがあって、それでは聞くだけ聞きましょう、と承諾を受け取った時は、真夜中を過ぎていました。一二月三一日の午後一時に教会に来てもらうことになりました。話が合意に達した時には、疲労のために眼球に内出血が起こって、目の前に無数の黒い虫が飛び交っているように見えました。

実家の人々との会見は、中四日おいて五日目でした。その時間を有効に使って、次の日から準備を始め、そつなく事実を伝えることができるように工夫しました。佐藤さんは書き上げたばかりの自分史を要約して、レポート用紙四枚の謝罪文を作りました。それを夫と私の前で声を出して読み上げて、聞き手に内容が具体的に伝わるように、練習を重ねました。事柄が余りにも非日常的なので、どのように工夫したら的確に伝えることができるかと、三人で工夫に工夫を重ねました。

そしていよいよ当日です。二人の兄だけが来ましたが、慇懃無礼とはこのことかという印象で、会見はとても感じの悪いものでした。佐藤さんは蚊の鳴くような声で用意した謝罪文をしどろもどろに読み上げました。あれほど練習したのに……と、もどかしくて仕方がありませんでした。

バカバカしくて聞いていられるか、と実家の長男が吐き捨てるように言いました。この人は会社の経営者です。倒産でもすれば自分の家族だけでは済まされないから、一円の金も無駄にしたことはないと言いました。君は旦那に大切にされて金の苦労を知らないから、それほどの大金をドブに捨てるような真似ができるのだ、と怒りを込めて言われました。この忙しいのにこんな馬鹿げたことで呼び出されたことも不愉快だ、とも言われました。

それでもこの人は帰り際に佐藤さんを部屋の片隅に呼んで、小遣いにも事欠くだろうからと言って、何枚かの紙幣をそっと渡していました。

次は次兄です。被害は一九〇〇万円と言うけれど、佐藤さん夫妻の共有財産からの支出だから、半分は佐藤さんにも権利がある、というのがこの兄の考え方でした。つまり、謝罪が必要なのは九五〇万円だけだから、そう考えれば少しは気が楽になるだろう、と言うのです。この人は超一流企業の管理職です。常識というものは十人十色で、人々の間の難問を解決するためには何の役にも立たないことを、私はこの時痛感しました。小岩牧師も私の夫も、苦り切った顔で黙っていました。

裁判をすればかなり取り戻せるらしいから、と佐藤さんが不安そうに言いました。冗談言っちゃいけませんよ。自分が寝ぼけて献金したものを、目が覚めたから返してくれなんて、そんな勝手な言い分がどこの国の裁判で通用すると思っているんですか。と、また長男が怒り出しました。これだけ損害を被って、今度は弁護士に搾り取られるだけだと言うのでした。

いや、佐藤さんの場合には、裁判をすればおそらく勝てますよ。泣き寝入りをすれば統一協会はそのお金を資金にして次の悪事を働きますから、取り返すべきです、と小岩牧師が言いました。私はそうしたい、と佐藤さんがおずおずと付け加えました。佐藤さんが統一協会問題の解決に向けて、自分の意思を表明したのはこの時が初めてでした。ご希望ならこの問題では第一人者の弁護士を紹介することができます、と小岩牧師が言われました。それなら勝手にすればいいさ、僕は協力を断るから、と長男が言いました。佐藤さんがご主人に謝罪する時に立ち会ってもらいたいとの願いは、後日検討して返事をするということで、その会見は終わりました。

親族の理解

そして次の日、佐藤さんの姉から電話がありました。昨日は弟たちがたいへん失礼いたしました、といとも丁重なご挨拶でした。二六日に電話を受けた時、事柄があまりにもひどく常識の範囲を逸脱していたので、話をまったく信じることができなかった、とのことでした。そこで私たちのことを「佐藤さんを人質にした宗教がらみの詐欺師」だと思った、というのです。会見の現場で二人の兄たちが無礼千万なことを言った陰には、私たちを挑発して反応を確かめようとの魂胆があったそうです。ところが、私たちが三人とも何一つ自己弁護も反論もしなかったので、この辺りから何やら様子が違うと思い始めたそうです。当然お金を要求されると思っていたのに、そのような話はまったくないばかりか、小岩牧師に至っては、佐藤さんのために弁護士まで紹介すると言うのですから、二人とも意表を突かれたとのことでした。

実のところ、力ずくでも佐藤さんを連れ戻すつもりで、二人の兄は手ぐすね引いて出かけて行ったのだと、恐縮を絵に書いたような低姿勢で、佐藤さんの姉は白状しました。それともう一つ、佐藤さんの様子が別人のようだったので、計画を中断して這々の体で帰ってきたのだと言うのです。

あんなにメロメロな妹を見たことがない、と二人ともショックを受けて帰ってきました、とも言っておられました。昨日と打って変わったこの挨拶に、私は目を白黒するばかりでした。ところが、これは次の願いごとの前段階だったのです。つまり、話を要約すると、佐藤さんがひどく退行しているので、連れて帰っても素人には手に負えないだろうと兄たちは判断した、というのが、実家の人たちの言い分なのです。佐藤さんの姉が前の日に来なかった理由は、後に控えていて、万一の場合にはどのようにでも動けるような体制で、兄たちだけが来たと、ここまで聞かされては苦笑する他はありませんでした。

会談の後に、三人で集まって教会での様子を兄たちが口々に再現している間に、これは自分たちの想像が間違っていたようだ、ということになったというのです。そして、取り返しのつかない失礼を働いたと冷や汗をかいた、とのことでした。佐藤さんの退行現象が一番ひどかったのは、その時のおよそ三週間前でした。そこで私たちの目にはその時の佐藤さんはさほど異常とは見えませんでしたが、初めてその様子を見た人には、かなり衝撃を与えたとしても不思議ではありません。はじめのうち実家の人々は、佐藤さんがご主人にすべてを告白することに反対だったそうです。佐藤さんのご主人の性格から判断して、赦されるとは思えないというのがその理由でした。けれども、ある日それを聞いた姉の夫がそれは無理だと反対したそうです。あの実直な佐藤さんにとって、それだけ大きな秘密をこれから先ずっと一人で耐えることは重すぎる、というのです。この際みんなで幾重にも腰を折って、佐藤さんを赦してくださいと一緒に頼むべきだ、もちろんその時は自分も一緒にいくからと、実家の人たちを説得してくれたのです。その線で実家の人たちの足並みが揃ったのは、一月一四日のことだったと言いますから、彼らの心の準備にも二週間という時間が必要だったことになります。これでようやく問題解決の第一歩が踏み出されました。

年が変わって一九九七年の松の内が明けてから、私たちは小岩牧師と相談の結果、佐藤さんのご主人の二人の妹さんたちにも教会に来てもらうように、連絡を取りました。この時も佐藤さんは謝罪文を読み上げました。被害総額一九〇〇万円と分かると、まあよくそんなにあったねえ、と佐藤さんのご主人の妹さんが、頓狂な大声で言いました。その声に、思いやりに満ちた温かさと、そこはかとない可笑しさとを感じて、私は胸が熱くなりました。江戸っ子の気風の良さとはこのことかと思いました。この方は、浅草の下駄屋さんの女主人だそうです。この妹さんが、更に言葉を続けました。これはね、お姉さんだけが悪いのではないのよ、お兄さんの思いやりが足りないから、と。これでなんとか、佐藤さんのご主人に謝罪をするための準備が整いました。この人たちなら、万一佐藤さんのご主人が感情を抑えきれなくなって荒れた場合にも、まあまあお兄さん……と言ってなだめてくれるだろうと思ったのです。

再適応への歩み

このころになると佐藤さんは時折自宅へ帰って一泊してくるようになりました。これも小岩牧師の指導ですが、長期入院患者が退院前に行う外泊のようなものです。自宅での日常生活に適応するために、少しずつ訓練が始まったのです。佐藤さんは外泊のたびに自然の成り行きとして、統一協会での体験を少しずつご主人に語れるようになってきました。その反面、神保宅に戻ってから、部屋にこもって声を忍ばせて泣くこともありました。まだまだ感情の起伏がとても激しいのです。

一月一三日の午前中、佐藤さんは物音一つ立てずに一人で長時間部屋にこもっていました。外泊の時に自宅から持ち帰った統一協会での友だちからの手紙や写真を、全部破って処分したのです。大きなポリ袋いっぱいの紙類を部屋から持ち出して、捨てて下さい、と私に頼むのでした。後になって考えれば、このようにしたことは裁判のための証拠を自分の手で破棄したことになりますが、この行為は佐藤さんにとっては心の底から統一協会との縁を切るための、一種の儀式のようなものだったと考えられます。

一月二三日、佐藤さんのご主人に送られて、佐藤さんは外泊から帰ってきました。二人ともたいそう機嫌が良く晴れ晴れとした表情でした。佐藤さんからいろいろ聞かされた、と佐藤さんのご主人が言っていました。これだけ聞いてまだ聞いてないことがあるとすれば、あとは金のことだけでしょうね、と佐藤さんのご主人は私に向かって真顔で言いました。佐藤さんはその場を外したかった様子で、部屋に入っていきました。私は佐藤さんのご主人に頷きました。それもただならぬ金額ですけれど、どうか赦してあげてください、と私は恐る恐る言って頭を下げました。これだけお世話になって赦さなかったら男じゃないですよ、と跳ね返るような大きな声が返ってきました。ああこの人は佐藤さんを赦すために、本音と建前の間で揺れながら、苦しんでいるのだ、と私は思いました。

仮に佐藤さんが遠からず自宅に戻ることができたとしても、二人の間が本当に愛と信頼関係で結ばれるようになるまでには、これから長い間、心理的葛藤を耐えなければならないでしょう。一見誠実にご主人に仕えていた佐藤さんが、五年間も大それた秘密を抱えて同じ屋根の下で暮らしていたことを思うと、佐藤さんのご主人の心が怒りや不安や悲しみで揺れ動き荒れ狂う時があっても当然でしょう。

帰宅、そして脱会

一九九七年二月一日に佐藤さん一家の他に、両家の兄弟姉妹も含めて全員が教会に集まり、この救出の締めくくりのための会を行いました。予定通り佐藤さんははっきりと謝罪して、統一協会から脱会すると宣言しました。たいへん和やかな会合でした。皆がくつろいだ感じで口々に感想を語り合っている間に、佐藤さんはご長男に向かって、あなたの独立資金と思って蓄えておいた分も消えてしまったけれど、ごめんなさいねと言いました。いいさ、それお母さんの社会勉強の授業料になったんだから、とご長男は答えていました。本当に思いがけない言葉でした。どうしてこんなに穏やかにいられるのだろうか、何と優しい思いやりに満ちた言葉だろうかと、今でも思い出すたびに不思議な感動を覚えます。

その日佐藤さんは、ご主人とご長男に労られながら、教会から直接自宅へ帰っていきました。そして次の日、統一協会への脱会届を内容証明付きの郵便で、ご主人と連名で発送したと電話連絡がありました。一九九六年一一月二五日に渋谷教会で行われたバックストン聖会に出席して直接我が家に来てから、一九九七年二月一日まで六八日目の帰宅でした。

早いものであれから二五年の歳月が経ちました。山口広弁護士（当時、全国霊感商法対策弁護士連絡会事務局長）の強力なお力添えを得て、統一協会相手の民事訴訟もけりがつきました。佐藤さんは今自宅近くのキリスト教会で婦人会会員として平穏な教会生活を営んでいます。ちなみに、訴訟の結果は、統一協会側が自らの非を認めて示談を申し入れたので、佐藤さんはそれを受け入れ、被害総額一九〇〇万円のうち、一四〇〇万円が返却されました。勝訴的示談と言えるものと考えています。

終章　これまでの流れを振り返って

一九九五年四月二三日、丘の上キリスト教会へ向かう車の中で私は佐藤さんから統一協会の信仰を打ち明けられて動転しました。

その時真っ先に脳裏に浮かんだことは、これは本物の信仰と偽物の信仰との戦いである、ということでした。

私は小学校五年生の時に従姉に連れられてキリスト教の教会学校に初めて出席し、中学はミッションスクールへ進み、高校一年の時に洗礼を受けたのですが、それ以来ずっと信じてきた神様に、とてつもないことが起こってしまった、と思いました。今になって考えてみると、本当に奇妙な考え方に縛られたものだとは思いますが、その時は本気でそう考えたのです。そんなことはあり得ないと思いますが、万々が一聖書に示されている神様が負けたら、それに従ってきた私の人生は総崩れになってしまいます。だから絶対に負けたくない、と私は思いました。

イエス・キリストは存命中に、弟子たちに向かって、偽キリストに注意するように、と警告しておられます。やや長い引用になりますがその箇所を聖書の中から引用して記すと次の通りです。

「そのとき、だれかが『見よ、ここにキリストがいる』とか『そこにいる』とか言っても、信じてはいけません。偽キリストたち、偽預言者たちが現れて、できれば選ばれた者たちをさえ惑わそうと、大きなしるしや不思議を行います。いいですか。わたしはあなたがたに前もって話しました。ですから、たとえだれかが『見よ、キリストは荒野にいる』と言っても、出て行ってはいけません。『見よ、奥の部屋にいる』と言っても、信じてはいけません」（マタイの福音書二四章二三〜二六節）

しかし、そうは言っても、偽物か本物かを、私たち自身の観点からだけで論じても何の役にも立たちませんし、本物の神様と偽物の神様の戦いであれば、私が手や口を出して佐藤さんをねじ伏せたところで、何の意味もありません。それに佐藤さんの心は統一協会のマインドコントロールによっていく重にも鍵がかけられた状態になっています。一体これはどういうことになるのだろうか、と考えると、居ても立ってもいられませんでした。そのような理由で、私は佐藤さんの統一協会問題の虜になってしまったのですが、そのおかげで、この戦いの顛末を、しっかり見させていただきました。

その戦いは、具体的には佐藤さんの心の変化を通して展開したのですが、特に一九九六年一一月二五日から九七年二月一日まで、佐藤さんと一緒に暮らした六八日間に、私はそれを目の当たりに見させていただきました。

一九九六年一一月二六日、我が家に泊まって信仰の問題を検討してみてはどうかという私の勧めを、佐藤さんは静かに受け入れてくれました。この時、私は彼女を説得することにまったく自信がなくて、震えながら勧めたのですが、まるで佐藤さんの心の鍵が中側から外れたように、佐藤さんは私の勧めに応じてくれたのです。

その後我が家に寝泊まりするようになった佐藤さんに最初に心の変化が起こったのは、一九九六年一二月一日に、居間で本を読んでいた時でした。佐藤さんは、とんでもないものを信じてしまった、と叫んで、のたうち回って泣きました。佐藤さんはこの時初めて統一協会を、「とんでもないもの」という言葉で表現しました。私はその時家事に追われていましたが、書物に語りかけられて、佐藤さんの心の鍵が中側から外れました。

その次に佐藤さんの心に変化が起こったのは、一九九六年一二月一〇日に二人でサウナに行って帰ってきた時でした。佐藤さんはこの時を境に、「自分は間違っていた」と考えるようになったのです。あの時私はくたびれ果ててノイローゼ気味だったので佐藤さんへの配慮はほとんどできない状態でありましたが、この時も佐藤さんの心の鍵は中側から外れました。

このことがあってから四日後の一二月一四日の深夜に、佐藤さんは一瞬ではありますが、自殺したいという気持ちになりました。それを契機に佐藤さんの心に悔い改めが起こり、聖書に示されている神に赦しを求めて泣きました。この時私はぐっすり眠っていたので、何もすることができませんでした。佐藤さんは自分の体がなぎ倒されたように倒れて、激しく泣いたと言いますが、その大きな物音を私はまったく知らなかったのです。けれども佐藤さんの悔い改めの結果はその後の佐藤さんの行動にはっきりと現れていたので、佐藤さんの話は疑う余地がありませんでした。この時も佐藤さんの心の鍵は中側から外れました。

その次に佐藤さんの心に変化が起こったのは、自分のしたことをすべて佐藤さんのご主人に謝罪したいと心に決めた時です。この時の決意は一〇日間くらいかけて徐々に固まったものですから、何月何日と明確に記すことはできませんが、一二月一五日から二五日ごろまでのおおよそ一〇日間の間であったと思われます。このころ佐藤さんは一人で部屋にこもって自分史を書いていたので、この時も私は何の手出しもしていませんでした。この時も佐藤さんの心の鍵は中側から外れました。

次の変化は一九九六年一二月三一日に起こりました。この日佐藤さんは統一協会問題の事後処理のために裁判をしたい、と自分から言いました。この時私は佐藤さんの実家の人々の慇懃無礼な態度に腹を立てていましたので、口をきくこともできませんでした。この時も佐藤さんの心の鍵は中側から外れました。
こうして佐藤さんは一九九七年二月一日にご主人と長男に赦され、労られて、自宅に帰って行きました。これだけ世話になって赦さなかったら男じゃない、という佐藤さんのご主人の赦しに向けての、うめきにも似た言葉と、失われたお金はお母さんの社会勉強のための授業料になったのだからそれでいい、という長男の言葉を、私は忘れることができません。

私たちは、佐藤さんがご主人に赦されることはとても難しいことだと思って、何日も辛く不安な日々を過ごしました。しかし私たちが手の出しようがないこの難問は、あっけないほど簡単に解決されました。それは佐藤さんが心から悔い改めて、自分の罪を告白したから、真実で正しいかたである神が、聖書の約束通りにその罪を赦してくださったのであり、その結果、ご主人を始めとする周囲の人々にも赦されたのだ、と私は確信しています。ちなみに私が信じている神様の御約束は、聖書の中に以下のようにしるされています。

「もし私たちが自分の罪を告白するなら、神は真実で正しい方ですから、その罪を赦し、私たちをすべての不義からきよめてくださいます」（ヨハネの手紙第一、一章九節）

あれから四年経って佐藤さんがすっかり落ち着いてから、私はそれまでずっと心にかかっていた一つの疑問を佐藤さんに尋ねてみました。すなわち原理講論を見ると、本文の一番初めに出てくる「総序」の第二ページ目から、聖書の真理が相当ひどく歪められて書き記されています。佐藤さんは統一協会に接近する以前にクリスチャンであったのに、どうしてそのことをおかしいと思わなかったのか、ということです。それに対する佐藤さんの答えによれば、何も知らないうちにマインドコントロールされて、足かせをはめられるまで、統一協会が原理公論という経典を持っていることさえ知らされていなかった、というのです。これこそまさに偽物の神の正体ではないでしょうか。

彼らは標的にした人物に接近することに成功すると、その人物の行動をコントロールして睡眠不足に追い込み、判断力を低下させて、奇妙な教理を教え込み、恐怖心の虜にして信者に仕立て上げ、自分の頭であれこれと考えることは罪であると信じ込ませるのです。だから信者たちは、この教えが正しいかどうかと吟味し確認することができないのです。

そこで統一協会の束縛から家族その他の人を解放したいと望むならば、静かな場所を用意して、安心して自分の頭でゆっくり考えることのできる環境を整えることが必要です。また、その教えがあまりにもひどく常識を逸脱しているので、素人判断で論じあってもどうにもならないので、専門家としての救出カウンセラーの力を借りる必要があります。

次に救出カウンセラーとして、小岩牧師がどのような方法をおとりになったかということが問題になります。

すなわちそれを簡単に言えば、原理講論をはじめとする一連の経典ないしそれに準ずる書物を吟味して、教理の矛盾を明らかにすること。統一協会の教祖、歴史、現状、活動などについて、客観的な資料や元信者たちの証言を提供し、統一協会内部では一般の信者に伏せられているそれらの情報を、吟味、確認して内部の矛盾に気づくように援助すること。また、その他に信者自身の経験を振り返って、マインドコントロールによって、どれほど人格が歪められ、思考力が低下させられていたかに気づきを与えることです。このようにすれば植え付けられた恐怖信仰は前述の結果として、自ずと解消します。

しかし、たとえ偽物の信仰ではあっても、一旦は本気で全霊を捧げた当人の身になれば、それを捨てることは容易なことではありません。だから多くの脱会者たちは、カルトの世界から通常の世界への移行期間に、ひどく正気を失って茫然自失の状態になります。もちろんこの期間がどれくらい続くかについては個人差があり、場合によっては二、三年あるいはそれ以上続くこともありますが、いずれにしても、本人が無理なく動けるようになるまで、ゆっくりと休養する必要があります。この予後の時期は非常に大切ですから、家族は忍耐強く本人の回復を待つべきですし、時にはカウンセラーや精神科医の援助も仰ぐべきです。

このようにして予後の時期を上手に切り抜けた人々は、安定した自己受容が達成されて、家族関係を始めとする人間関係も、以前とは比べものにならないほど明るく温かいものになります。その域に達した人は、カルトに捕らえられてから救出までの時期をかけがえのない宝だと言い、救出中の日々を楽しかったと表現することも珍しくありません。人によってはあれだけ多くの人に迷惑をかけておきながら楽しかったというのは不謹慎でしょうか、と言った後でしばらく考えてから、そう、普通の楽しさとはまったく違うのですけれど、不思議なことに楽しかったとしか思い出せないのです、とも言います。

カルトの問題は実態を知れば知るほど、恐ろしさに驚くほど根の深い問題です。しかしその恐ろしさが本当にわかるころになると、そこから抜け出させてくれた家族をはじめとする関係者への感謝の念も湧いてくるし、確かにその経験のすべてがかけがえのない宝にもなるのです。

では、私自身の場合はどうかといえば、記録を手にとって眺めると一日一日が薄氷を踏む経験の連続で、常軌を逸した過酷なものではありましたが、その渦中で人間のおぞましさと素晴らしさとを克明に知ることができました。

あのような機会が与えられない限り、私は人間にとって一番大切な魂の問題について、これほど真剣に考えることも学習することもせずに、今よりももっと密度の希薄な一生を過ごしたに違いありません。その意味であの時の経験は、私自身にとってもかけがえのない宝になっています。

あとがきに代えて　『脱会』改訂版出版までの経緯

佐藤さんの脱会以後

佐藤さんが統一協会から脱会した時点で、私たちの任務は一応終わりました。けれども、これで佐藤さんの救出が完了したわけではありません。救出された人が精神的な健康を完全に取り戻すためには、大きく分けて二つのことが必要です。

その一つは、傷ついた心のケアです。佐藤さんは高校生の時にキリスト教の教会で洗礼を受けていますが、これまで、旧新約聖書を一人で通読したことがなかったそうです。イエス物語や西洋美術から影響を受けて、自分勝手に作り上げたイエス像に憧れ、それを崇拝していたそうです。「ムード・クリスチャンであった」と述懐していました。そこでこの際、自分の人生の指針を確立して二度と騙されないようになるためにも、聖書を勉強したいと希望しました。佐藤さんのご主人も妻をよりよく理解するためにということで、夫婦は連れ立って教会に通い、小岩牧師から二人だけで聖書の特別講義を受けました。

二番目に必要なことは、統一協会の反社会的な行為に対して、公然と抗議をすることです。具体的には統一協会を相手に民事訴訟を起こして、損害賠償と慰謝料の請求をすることです。佐藤さんの場合は、裁判に必要な訴状や陳述書を作成するためにご主人と連れ立って山口広弁護士を訪ねていますが、これは救出中に佐藤さんと共に生活しなかったご主人が、佐藤さんの心の軌跡を追体験するためにも大いに役に立っています。

　それはさておき、一般論としては救出後に起こす訴訟の主な目的は、
①被害者自身の救済
②統一協会の反社会性を世に知らせること
③統一協会に経済的な打撃を与えて、今後の活動を阻止するために一石を投じること
です。特に③については、一人の損害賠償請求では高が知れていますが、被害者全員がそれを実行すれば、統一協会に対して明らかに経済的な打撃を与えることができます。

　ちなみに一九九九年一月から一二月までの一年間に全国霊感商法対策弁護士連絡会が扱った統一協会関連の日本全国における被害額は、二八億四五〇〇万円余りですが、これはあくまでも被害者が裁判所に訴えた結果、明らかになった金額にすぎませんから、実際の被害総額はこれをはるかに上回ることは容易に想像できます。そこで今後とも被害者と救出者と弁護士とが綿密に連絡を取りながら、実際の被害総額と裁判によって取り戻された額との差が限りなく近くなるよう、努力を重ねる必要があります。

　私はこれまで、佐藤さんの事例を通してカルトに引き込まれた一人の人の心の軌跡をたどってきました。この事例の場合、統一協会は六年間もの長い時間をかけて標的となった人物に忍び寄っています。しかしこれはあくまでも一例であって、中にはあっという間に引き込まれて深入りした例も少なくありません。特に若い人の場合は、大学の入学や就職

などの転機に誘い込まれることが多く、短期間に深入りしています。そこで若い人の事例についても一言触れておきたいと思います。

統一協会の儀式の中で主にマスコミを通じて世に知られているものの一つに、合同結婚があります。これに関する彼らの教理をごく単純化して説明すると、世の罪を取り除くために教祖・文鮮明が引き合わせた男女が結婚して、無原罪の子孫を作り、地上天国を完成させるために必要であると、統一協会の信者たちは教え込まれています。そこで統一協会の信仰を持つ若者は、遅かれ早かれこの儀式に参加して文鮮明の命じる結婚をすることになります。彼らは多くの場合、一面識もないばかりか、言葉も通じ合わない人と結婚させられることになりますが、それでも初めのころは実行する前に親を説得して、了承を取り付けようとしたものです。ところがその後、次第に親には伝えず結婚することも増えてきています。極端な場合には久しく音信の途絶えていた娘が、ある日突然成田空港から電話をかけて、これから結婚のために韓国へ行くところだと伝えることもあります。とにかく話し合いたいから一度帰ってくるように、との親の要求は退けられ、しばらく経つと韓国から手紙をよこして、「この手紙が着くころには私は母親になっているでしょう」と記されていることさえあります。

彼女たちは日本の過去の罪を償うためという、悲壮な決心をして合同結婚式に赴くのだと聞いています。すなわち、第二次世界大戦の折に日本軍が韓国の婦人たちを従軍慰安婦として辱めましたが、その罪は日本の女性によって償われなければならないのだから、私たちが韓国人と結婚して夫に仕え、無原罪の子を産み、……という具合に信じ込まされているのです。

　上述の教えの内容の是非を論じることはさておき、そのようにして韓国に赴いた女性たちの多くは地方に送られて、農村の「嫁不足」解消の一助となると聞いています。なおひどいことに、夫となる人は統一協会の信仰すらなく、ただ日本人女性を妻に迎えることができるというだけの考えで、入会金を払って合同結婚式に参加する人も少なからずあると聞いています。当然、彼女たちの結婚生活は悲惨な場合が多いのです。

　では、一体どうすればそのような悲劇を防ぐことができるのかということが、次に問題になってきます。残念ながら今のところ、明確な答えはないのが実情です。子どもの時から親や教師の言いつけを機械的に守る子が良い子とされて育ってきた彼女らにとっては、教祖の言いつけを機械的に守って何が悪いかということになるのではないでしょうか。また、大人になって社会に出れば、占い、呪い、厄払いなどが横行する宗教的風土の中で、破壊的カルトを見分ける術をこれまで誰がどのように教えてきたでしょうか。

　残念ながら予防法は定着していないとしか言いようがありませんが、だからといって手をこまねいているわけにはいきません。そこで以下に親の機転で速やかに救出できた事例をごく簡単に記して参考に供します。

娘が統一協会に入会して一カ月後に親が気づき、荻窪栄光教会に駆け込んで、入信から六カ月以内に救出を完了した事例です。この事例では親の気づきがあまりにも早かったので、信者本人が驚いていたそうです。「どうしてそんなに早く分かったのですか?」という私の問いに、母親の答えは以下の通りでした。

「それは分かりますよ。急に口数が少なくなったし、帰宅時間は遅くなったし、理由を尋ねても釈然とした答えは返ってこないし、それに第一目の色が変わりました」。何という見事な答えでしょうか。日頃から心を込めて我が子を見つめている親にだけ備わっている直感とでもいうのでしょうか。「手をかけずに目をかけろ」という諺がありますが、カルト問題でも、私たちは人生の先輩から受け継いだ生活の知恵を大切にして、子育てとは何か、教育とは何か、幸せとは何か、人間の尊厳とは何かを、この際一人ひとり考える必要があるようです。

統一協会の現状

統一協会は現在の名称を「世界平和統一家庭連合」としています。この団体は一九五四年に創設され、一九五八年に日本で布教を開始した「世界基督教統一神霊協会」のことで、文部科学大臣所轄の単立宗教法人です。

けれどもこの宗教法人は、会員を募る場合、初期の段階では自分たちの名称と活動の目的を相手に伝えないという奇妙な団体です。ひょんなことからこの団体に関わりを持つようになって思いがけない被害にあった人たちの多くは、ほとんど例外なく、「最初からこの団体が統一協会だと知っていたら、絶対に入会しなかった」と言っています。

またこの団体は、信者に霊界や因縁の恐怖を語って、壷や人参茶や宝飾品などを法外な高額で販売し、勧誘と資金調達を一体化させた活動に信者を誘い込み、年間数百億円を教祖・文鮮明に捧げています。その他、約七千名の日本人女性信者を合同結婚式で渡韓させ、日韓の国際結婚を推進しています。こんなに得体の知れない恐ろしい集団が、どうして日本に居座ってしまったのでしょうか。

私は統一協会の元信者でもなく、家族が被害者だったわけでもありませんが、一九九五年にひょんなことから佐藤さんの統一協会からの救出に関わりを持つようになりました。そして、夫と共に日本脱カルト協会に加盟して、被害者の救出活動の末席を汚すようになりました。その間、優秀な救出カウンセラーや牧師、弁護士、精神科医などなどの尽力があって、多くの被害者が救出されたことも承知しています。それにもかかわらず、統一協会の現状は何も変わっていないように私には見えます。つまり、統一協会による被害があまりにも根が深く深刻であるために、それを一掃するのは容易なことではないのです。

佐藤さんの事例一つを見ても、統一協会の信者が佐藤さん宅に覆面で訪れ、配置薬の契約をとったのが、そもそもの事の起こりですが、これは一九八九年のことです。そして、佐藤さんが統一協会の欺瞞に気づいて自由意思で脱会を決意し、損害賠償請求のために起こした民事訴訟の示談が成立したのが二〇〇一年ですから、統一協会にとっては比較的小さなこの事例だけでも、一旦関わりを持ってしまうと、決着をつけるまでに二二年もかかっているのです。その間の家族の苦悩には、計り知れないものがありました。

ところが不思議なことに、この統一協会問題は、二〇二二年に予期せぬ事件が起こるまで、世間一般には関心が薄く、多くの人が、あれは特殊な人たちの問題であって、自分には関わりがないもの、と多寡をくくっていたのでした。「悪は人々の無関心の中で行われる」というではありませんか。これはたいへん危険な問題で、放置しておくわけにはいかないと思い、本を出すことにしました。それが、二〇〇一年に駿河台出版社から発行した神保タミ子著『脱会』です。

佐藤さんは統一協会から救出されてしばらくしてから、後に続く被害者の救出のために、ご自分の事例が役立つものなら、どのようにでも使ってほしいと言ってくださいました。その言葉に勇気を得て、原稿を書き上げたのですが、いざ筆を置く段になって私はある種の怖れを感じました。もしも佐藤さんと私の立場が逆転して私が書かれる身になったとしたら、このように細部まで書かれることに耐えられるだろうか、と当惑したのです。考えた末に、原稿の筆を置く前に、佐藤さんに読んでいただくことにしました。そしてもし、佐藤さんが少しでも躊躇するようだったら、いさぎよく原稿を破棄しようと私は密かに考えていました。

佐藤さんは私の部屋で一気に読んでくださり、読み終わると私の目をまっすぐに見つめて開口一番、「神保さんありがとう」と言ってくださいました。ご自分が願った通りに書かれている、と言ってくださったのです。その時、佐藤さんの目には美しい涙が光っていたことを、私は見逃しませんでした。その表情から、佐藤さんの悔い改めの決意がどれほど確かなものであるかを私は読み取りました。佐藤さんの決意が、この本を出版に至らせたことを、ここに記して心から感謝申し上げます。

この二〇〇一年という年は、私にとって忘れることのできない、もう一つの変化があった年です。私事ですが、夫・神保信一が脳内出血を発症して以来一八年間、本人の希望で在宅介護をすることになったのです。人は脳を病むと、それだけで蔑視の対象になることがあります。外へ出れば冷たい風に吹き晒されることもたまにはありましたけれど、病人が非常に穏やかだったことと、二人の娘の全面的な協力がありましたので、家の中にはいつも笑いがありました。

夫が天に召されたのは、二〇一八年のクリスマス・イブの日でした。その日、二人の娘は教会で行われるクリスマス・イブ礼拝に出席するつもりでしたから、あなたたちが帰宅してきたら、家族四人でクリスマス・ディナーをしましょうね、と語り合っている時に、夫の様子が急変して、静かに天国に旅立っていきました。楽しそうに、微笑をたたえて……。夫の表情があまりにも幸せそうでしたから、私たち三人は、涙をまったく流しませんでした。それどころか、一八年もの時間を与えられていたので、この手でできることは全部して、大役を果たしたと言いたいような不思議な達成感がありました。

でも、夫を天国に送り届けてからがたいへんでした。私自身が濃霧の中に迷い込んだように、ふわふわとうごめいているような感じがして、二年間くらい無為の時を過ごしてしまいました。この間に、高齢化を理由に、日本脱カルト協会を脱会させていただきました。

それでも後で考えてみると、この期間は神様からのプレゼントのような気がします。佐藤さんの救出後の裁判もすっかり終わって、差し迫って何もすることがなくなってから夫の在宅介護が始まり、十分な時間的余裕の中で、家族四人で仲良く過ごし、介護の大役を果たして二年経ってから、私は二一年前に出版した『脱会』のことを思い出しました。不思議なことに、時間が絶妙な速度で流れて、はたと気がついたら霧が晴れていました。

読み返してみれば最初の『脱会』は、出版からすでに二一年も経っているというのに、中身がまったく古くなっていないのです。なぜなら、統一協会が旧態依然として、二一年前と同じ手口で信者を脅し、多額のお金を奪って家庭を崩壊させていたからです。これはたいへんなことだと思いました。私は奮い立って『脱会』を増刷していただきたいと、駿河台出版社に相談をもちかけました。ところが社長さんのご都合で、この申し出は受け入れられませんでした。そして、出版権を放棄するから他の出版社と相談して、新しく出直すようにとの提案をいただきました。

このようなわけで、新装改訂版の出版を引き受けてくださる出版社を探してさまよっている間に、世間では大きな事件が起こりました。二〇二二年七月八日、参院選投開票の二日前に、応援演説中の安倍晋三元首相が、山上徹也容疑者に手製の銃で殺害されたのです。もちろんマスコミは騒然としていますが、あの日からすでに半年以上経過しているというのに、統一協会の実態は何も変わっていません。

二〇二三年一月一四日の「朝日新聞」は、このことを社説で次のように論じています。

「事件の背景には自民党と旧統一協会の半世紀に及ぶ蜜月関係が横たわる。教団の問題を放置してきたばかりか、選挙協力を求め関係を深めた政治家もいる。民主主義の根幹に関わる問題だ」と。

そもそも、韓国で生まれたこの宗教が、いつ、どのようにして日本に入ってきたのかといえば、一九五八年に岸信介元首相のお声がかりで、文部科学大臣所轄の単立宗教法人として日本に受け入れられたのだそうです。

統一協会の教えの中でもかなり大きな位置を占めている教理の一つに、「万物復帰」という教えがあります。それによれば、昔々の大昔、アダムとイブが神の命令に背いて罪を犯して以来、神の手によって創造された被造物は破滅の一途をたどっているというのです。それを元に戻す（復帰する）ために、万物をお金に換えて文鮮明の前に捧げるようにと、信者たちは教育されているのです。この万物復帰は、時間が経てば経つほど負担が重くなるので、一刻も早く、と信者たちはせき立てられています。そして、献金をあおるために、教団の言いつけに従わなければ息子の命がない、とか、先祖が地獄で苦しむ、などと言って脅しをかけられるのです。これは統一協会の常套手段ですから、山上容疑者の母親も同じ手口で脅されていたはずです。しかも、ご主人が急死なさって数年後であれば、地獄の責め苦に関する脅しには身の毛もよだつ思いだったに違いありません。

宗教法人であれば献金を募るのは合法ですが、統一協会が信者にお金を出させるこの方法は、献金の奨励ではなく恐喝です。それも密室に連れ込んで、屈強な男性幹部が取り囲んで、五時間もかけて同じ主張を繰り返して脅されるのですから（本書57頁参照）、普通の主婦が抵抗できるはずがないではありませんか。このあたりの実情が一般に公開されていないから、どうして信者は自己破産するまで献金をするのだろうかと、世間の人々は理解に苦しむのです。

母親の統一協会への入信によって、山上徹也容疑者は本人の意思とは関係なく、信仰二世という立場に置かれ、九九年に本人が受験校である高校を卒業するころには家計がひっ迫して、大学受験を断念せざるをえない状況に追い込まれたのでしょう。

さらに、「朝日新聞」二〇二二年一月一四日の記事によれば、〇二年、本人が海上自衛隊入隊。母親が自己破産。〇五年に本人が自殺を図って入院。海自を退職。一五年ごろ兄が自殺。一九年、教団総裁来日。襲おうと火炎瓶を持っていった。二一年春ごろ、武器を作り始める。九月、安倍晋三氏が教団友好団体にビデオメッセージ。二二年春ごろ、安倍氏のビデオメッセージをネットで閲覧。六月、大阪府内の会社を辞め無職に。七月七日、奈良市内の教団関連施設の建物を襲撃。八日、同市内で安倍氏を襲撃して現行犯逮捕とあります。

何と痛ましく悲惨な日々だったことでしょうか。山上容疑者のご家庭だけでなく、同じような被害を被っている家族が日本中にたくさんいるのに、統一協会は政治的に何の規制もかけられず、宗教法人としての特権だけを享受して、したい放題の乱暴狼藉を半世紀以上も働き続けていたのです。

そしていよいよ、このたび発行する『脱会――今こそ知っておくべき統一協会の実像』に、話題を移す段になりました。私にとって独り立ちして初めての仕事です。慣れないビジネスの世界を、心もとない足取りで約八カ月間さまよいました。私は結婚以来ずっと、夫の助手のような立場で彼の机の傍らにいて、ローデータの集計から原稿の文章表現のチェックなどを五六年間させてもらって、夫の全著作の最初の読者になり続けていました。けれどもそれらはすべて、縁の下の仕事であって、もちろん世間的には何の業績にもならないのです。そのようなわけで、出版社に何とか働きかけても、原稿を読んでいただく段階まで漕ぎつけるのがたいへんでした。そうこうしていた矢先に、キリスト新聞社さんが、思いがけない道順でこの原稿に巡り合われて、出版のお話を先方から持ち掛けてくださいました。本当にありがたかったです。編集長の松谷信司氏にはひとかたならないお世話になりました。

そうこうしている間に、統一協会に対する世間の目は、ずいぶん厳しいものに変化してきました。今こそ統一協会の悪の根を断つ絶好のチャンスです。まず何をするべきかですが、これまでに統一協会が行った悪事を全部洗い出して、公表することです。何しろ半世紀以上も手を付けずに放置してきたことですから、これをやり遂げるのはたいへんなことです。でもこの仕事は、今後統一協会問題を始末するための資料として、基本中の基本となるものですから、やり遂げなくてはなりません。

またこの作業をするためには、すでに脱会している元信者さんの協力が必要です。なぜなら、元信者さんたちから、現役時代の経験を語っていただく必要があるのです。その他に、統一協会の信者さんたちは、一般の人々と同じ日本語で対話している時に、まったく別の価値基準でものを考えていることがしばしばありますから、場合によっては通訳が必要になるのです。例えば、他者から借金をして、そのお金を統一協会に献金させられた場合、返すお金がなければ返さなくてもよいのだと、信者さんたちは教え込まれています。なぜでしょうか？　この献金の行為は教祖の心にかなったことですから、統一協会の判断基準では、「善い行い」なのです。この価値観に立てば、借金の踏み倒しでも、嘘をつくことでも、彼らは平然と行動に移すことになります。

また、このような価値観を持っている親に育てられると、子どもはひどく混乱して、自分の判断で行動することができなくなります。これが、信仰二世の問題の一つです。子どもは、家庭生活と学校生活の間を毎日行き来していますが、学校と統一協会との価値基準がまったく違うので、自分の価値基準を形成することが困難になります。これは不登校などをはじめとする、社会的不適応の誘因にもなります。このような価値観の混乱は、第三者にはやや見えにくい問題ですが、社会生活の中で万事に関わる大問題ですから、日本社会全体のために非常に深刻で、放置しておくことのできない問題です。

このようなわけで、統一協会の悪を断つためには、彼らの非を暴くだけでは十分ではありません。この問題について、今から二〇〇〇年も前に、聖書は以下のように警告を発しています。

「だれも、悪に対して悪を返さないように気をつけ、互いの間で、またすべての人に対して、いつも善を行うように努めなさい」（テサロニケ人への手紙第一、五章一五節）

つまり、統一協会の非をあばくだけでは、問題解決につながる道を見つけることはできないのです。安倍元首相の狙撃事件で、山上容疑者は、悪に対して悪を返してしまったから、悲劇が一層深刻になったのです。統一協会が悪かったことは疑う余地がありませんが、日本中のほとんどの人たちが、彼らの悪行に対して無関心であったことも、問題の解決を先送りしていたのです。ですから私たちも、自分たちの非を深く反省して、本気で事態の修復に当たる必要があるはずです。

そこでこれからは一般の信者だけでなく、統一協会の指導者をも、救出の対象者とすることが必要なのではないでしょうか。これは一見唐突な発想に聞こえるでしょうけれど、よく検討して事に当たれば、新しい問題解決の道が開けてくるかもしれません。

新約聖書の中に、サウロの回心として有名な記述があります（使徒の働き九章一～三一節）。サウロはAD元年のユダヤ教の指導者です。当時の新興勢力であったキリストの教えに反対して、キリストを十字架刑につけた側の人物です。彼は、キリストの死後に残存した信奉者を根こそぎに捕縛するつもりで旅に出ました。その旅の途上、突然光に照らされ、「サウロ、サウロ、なぜ私を迫害するのか」という復活のキリストのみ声を聞き、回心して迫害者から伝道者に大転換した人物です。このサウロは、回心後にパウロと名を改めて、広くヨーロッパにまでキリストの教えを告げ知らせました。

パウロは語学も堪能な教養人でもありましたから、彼の語った神の子キリストの教えは、当時としては驚異的な速さで、ヨーロッパにも伝えられたのです。彼が信徒たちに書き送った手紙は、新約聖書の中に一三通も収められており、現代の世界中の人たちの信仰の基盤になっています。

私が今なぜこのことを書きたい気持ちになったかといえば、安倍元首相の銃撃事件を契機に、それまで隠されていた統一協会の被害の大きさに呆然としている場合ではないことを、読者の皆様とご一緒に確認したかったからです。

人は機械ではありませんから、時には大間違いをして世間の人々に大迷惑をかけることもありますが、何かのきっかけに間違いに気づけば、一からやり直して正しい道を歩むこともできるのです。

ちなみに「目から鱗（うろこ）が落ちる」という表現がありますが、これはサウロが回心した時の体験から出たものであることが、聖書に記されています（使徒の働き九章一八節）。

二〇二三年二月二二日

神保タミ子

参考文献

浅見定雄　一九七八『統一協会＝原理運動　その見極めかたと対策』日本キリスト教団出版局
安藤清志、西田公昭　一九九八　現代のエスプリ No.三六九『「マインド・コントロール」と心理学』至文堂
飯干晃一　一九九三『われら父親は闘う　娘・景子を誘いこんだ統一教会の正体』ネスコ
川崎経子　一九九〇『統一協会の素　その洗脳の実態と対策』教文館
郷路征記　一九九三『統一協会　マインド・コントロールのすべて』教育史料出版会
スティーヴン・ハッサン、浅見定雄訳　一九九三『マインド・コントロールの恐怖』恒友出版
全国霊感商法対策弁護士連絡会　一九九七『統一協会合同結婚式の手口と実態』緑風出版
田口民也、クリスチャン新聞編　一九九〇『異端からの回心』いのちのことば社
田口民也　一九九二『統一協会からの救出』いのちのことば社
成澤宗男　一九九〇『統一協会の策謀──文鮮明と勝共連合』株式会社八月書館
西田公昭　一九九五『マインド・コントロールとは何か』紀伊国屋書店
パスカル・ズィヴィ　一九九五『マインド・コントロールからの脱出　統一教会信者たち

のこころ』恒友出版
マインド・コントロール研究所　一九九七『親は何を知るべきか　破壊的カルトとマインドコントロール』いのちのことば社
南　哲史　一九九六『マインド・コントロールされていた私』日本キリスト教団出版局
マインド・コントロール研究所　二〇一〇『統一協会から愛する人を助けるために　人間は機械ではなく、心で生きている』いのちのことば社
郷路征記　二〇二二『統一協会マインド・コントロールのすべて』花伝社

・小諸いずみ会・いのちの家LETS
Tel 070-6468-9596

・カルト対策学校ネットワーク
http://www.jscpr.org/school_network

・日本弁護士連合会
Tel 03-3580-9841

・消費者庁・国民生活センター
Tel 188（消費者ホットライン）

カルト問題キリスト教連絡会

・日本基督教団　事務局・統一原理問題連絡会
Tel 03-3202-0544　cult@uccj.org

・カトリック中央協議会　事務局・宣教部
Tel 03-5632-4411　FAX 03-5632-4453

・日本聖公会　管区事務所
Tel 03-5228-3171　Fax 03-5228-3175　province@nskk.org

・日本福音ルーテル教会　事務局
Tel 03-3260-8631　Fax 03-3260-8641

・日本バプテスト連盟　宣教部
Tel 048-883-1091　Fax 048-883-1092

・在日大韓基督教会　総会事務所
Tel 03-3202-5398　Fax 03-3202-4977

カルト問題の相談窓口

統一協会に関する相談

・日本イエス・キリスト教団　荻窪栄光教会
Tel 03-3334-1036　Fax 03-3334-6331

・日本イエス・キリスト教団　京都聖徒教会
Tel 075-451-2363　Fax 075-451-3124

・全国統一協会被害者家族の会
Tel〈水曜日〉080-5079-5808　〈金曜日〉080-5059-5808

・全国霊感商法対策弁護士連絡会
Tel〈火曜日〉070-8975-3553　〈木曜日〉070-8993-6734
reikan@mx7.mesh.ne.jp

・日本脱カルト協会（JSCPR）
FAX 03-5539-4879　info@jscpr.org

・オウム真理教被害対策弁護団（とらすと法律事務所）
Tel 045-680-0720

・MASAYA・MARTHこと倉渕透グループ問題を考える会
Tel 080-1528-7588　htphtp@htphtp.com

・カルト被害を考える会
Tel 086-231-2885　Fax 086-231-2886　my@i.email.ne.jp

・マインド・コントロール研究所
Tel 090-8897-3645

・仏教テレフォン相談（仏教情報センター）
Tel 03-3811-7470

・宗教もしもし相談室（新日本宗教団体連合会）
Tel 03-3466-9900

神保タミ子（じんぼ・たみこ）
1935年　横浜に生まれる。
1958年　東洋英和女学院短期大学英文科卒業。
1958～60年　横浜YMCA外国語講師。
日本イエス・キリスト教団　荻窪栄光教会会員。

新装改訂版　**脱会**　今こそ知っておくべき統一協会の実像

2023年4月10日　　第1刷発行

著　者　神保タミ子
発行所　株式会社　キリスト新聞社
〒162-0814 東京都新宿区新小川町9-1
電話03 (5579) 2432
FAX 03(3579)2433
URL. http://www.kirishin.com
E-Mail. support@kirishin.com
印刷所　株式会社エス・アイ・ピー

ISBN978-4-87395-820-0 C0014（日キ販）